그대
나의
봄날

박진희 여행에세이

그대 나의 봄날

"사탕, 축구공, 물감, 실로폰…"
세상에서 가장 특이한 배낭 메고 떠난
네 여자의 착한 아프리가 여행기!

워커북스

천천히 자라고 있는 나의 첫 조카, 총총에게
그리고 부족한 나를 엄마 삼아준 멋진 아들,
조셉 누엔에게

동아프리카 케냐의 수도 나이로비에서 한 시간 남짓 차로 이동을 하면 키자베라는 지역이 나오고, 그 거대한 지역 한 귀퉁이에 '마이마히유'라는 전기도 들어오지 않는 작은 마을이 있다. 옥수수 농사로 자급자족하는 가난한 동네이지만, 이곳에는 세상에서 가장 아름다운 하늘을 품고 사는 맘씨 좋은 사람들이 살고 있다. 또 그 작은 마을 안에 한국인 선교사가 운영하는 초등학교와 고아원이 있다.

2009년의 뜨거운 여름을, 나는 이곳에서 보냈다.

몇 가구 살지 않는 듯 무척 조용한 곳이지만, 이른 아침이 되면 내게는 알람시계와 같았던 아이들의 재잘대는 소리가 끝없이 이어졌다. 어디서, 대체 어디서 오는지 모를 파란 교복의 까만 아이들이 200명 남짓 그곳에서 수업을 받는다. 서른 해 삶 중 고작 석 달도 채 안되는 시간을 보낸 이곳은 내 생애 가장 특별한 장소가 되었다. 그리고 내가 앞으로 어떤 삶을 살아야 하는지 가르쳐주었다. 내가 어떤 일에 기뻐하고 즐거워해야 하는지, 내가 어떤 것에 욕심을 버리고, 어떤 것에 노력해야 하는지 그리고 내가 어떤 사람들을 더욱더 사랑해야 하는지를 바로 이곳에서 배웠다.

인천공항에서 아홉 시간을 날아온 카타르 공항, 그곳에서 몇 시간을 대기하고, 또 다시 비행기를 갈아타고 몇 시간을 날아갔던 그 가난한 동네는 나에게 최고의 학교였고, 변변한 신발도 없이 맨발로 돌짝밭을 뛰어다니던 까맣고 동그란 아이들은 내 최고의 선생님이었다.

아무런 인연도 없던 그 아이들이 어째서 내게 그토록 소중한 사람이 되었는지, 어떻게 만나게 되었고, 어떻게 사랑하며 살았는지 그리고 나는 이제 '아프리카'라는 단어만 봐도 마음을 쓸어내리듯 그 단어를 한참 쓰다듬게 되었는지, 또 왜 그토록 그곳 이야기를 하고 싶어하는지, 나 역시도 한 땀 한 땀 글자를 만들고 기워가며 정리해보려고 한다.

그리고 검은 땅 아프리카가 작고 작고 또 작았던 나의 생각과 가치관과 마음을 얼마나 넓혀 놓았는지, 그 이야기를 이제 시작해보려고 한다.

CONTENTS

프롤로그_너를 만나러 가는 동안 _13
낡은 지도에 커다랗게 동그라미를 그린 곳 _14
나 대신 안아줄 수 있니? _18
세상에서 가장 특이한 배낭 _26

천국 한 조각 _우리 이야기 _30

STORY1. 오늘이 며칠인지, 무슨 요일인지

깜깜한 허공에 수박 같은 이가 떴습니다 _35
벼룩과 친구가 되다 _40
백 개나 되던 고민이 이곳에선 아무것도 아니야 _45
가난한 것은 부끄러운 게 아니야 _52
까칠까칠 흙벽에 벽화 그리던 날 _58
죽음의 버스 여행 _63
옹졸한 나를 풍요롭게 만드는 곳 _66
만다지 만들어주던 날 _70
신중한 레게머리를 부탁드립니다 _76
자고 일어나면 모든 게 꿈일까봐 _78

천국 한 조각 _기마니 이야기 _82

STORY 2. 한 걸음, 두 걸음, 세 걸음 더 가까이 가는 법

날아라 비행기야, 날아라 너의 꿈아 _87
소똥 맛있게 잘 먹었습니다 _90
아니, 루저가 이렇게 행복해도 돼? _95
내 생애 최고의 음악 _99
카렌의 집에서 편지를 쓰다 _103
예상을 빗나갔던 마술쇼 _109
나를 환장하게 했던 말, 하쿠나마타타 _112
결승전은 언제 하나요? _117
옥수수 알갱이 하나에 눈물 한 움큼 _123
더, 더, 더 많이 친해지고 싶어 _128

천국 한 조각 _케빈과 알란 이야기 _134

CONTENTS

STORY3. 넌 참 좋은 심장을 가졌구나

비 내리던 기적 같은 날 _139
케냐 사파리 체험, 그보다 아름다운 것들 _141
아프리카 생존 영어 학습법 _147
가끔은 무시무시한 곳이기도 해 _152
송아지가 내 맘을 알아주었어 _156
탄자니아 입성 _160
그레이스 유치원 습격 사건 _166
잔지바르, 슬프도록 아름다운 이름 _170
그리움이 자꾸 쌓이네 _175
말라위, 내 아들을 만나러 _181
다시, 조이홈스로 _185
니콜, 넌 참 좋은 심장을 가졌어 _189
받은 사랑을 그대로 _192
다 알아들을 수 있도록 _195
이제 정말로 안녕하자 _198

천국 한 조각 _내 아들 누엔 이야기 _204

STORY 4. 그리고 남은 이야기

접시를 깨는 마음으로 _209
다시 내 꿈을 잘 관리하는 일 _213
나를 변화시킨 아프리카 _218
감사는 얼마나 작은 데서 오는지 _223
그리고 천국 한 조각 _230

에필로그 _234

PROLOGUE.
너를 만나러 가는 동안

낡은 지도에 커다랗게 동그라미를 그린 곳

그대 나의 봄날 PROLOGUE.

첫 번째 러브레터

내가 처음 비행기를 탄 것은 2003년 '스물넷'이라는, 대학을 졸업하고 사회생활을 시작해야만 하는 나이 때였다. 해외여행은 남의 이야기이자 사치로 치부될 형편이었기에 나는 대학교 4학년 2학기 때부터 한 기획회사에서 단기 프로젝트팀에 들어가 인턴생활을 하고 있었다.

인턴을 끝내며 받은 급여 100만 원은 적금을 하기에도, 부모님을 드리기에도, 그냥 펑펑 쓰기에도 참 애매한 돈이었다. 그래서 어쩔 수 없이 결정한 것이 '여행'이었다. 나는 당시 돈만 생기면 나갈 궁리를 하는 여자도 아니었고, 모험을 일삼으며 사는 용기 있는 인간도 아니었다. 그저 졸업반 때 취직을 못하면 공장에라도 들어가야 하나(그러나 공장도 나이가 많아 못 들어간다는 사실을 알고 좌절하며) 강의 중에 몰래 눈물을 훔칠 정도로 소심한 아이였다.

프로젝트가 끝나고 다시 구직활동을 해야 하는 상황에서 짧은 여행을 계획하는 건 누구나 할 수 있는 일일 것이다. 그렇게 소심하게 결정했지만, 그러나 두 번째, 세 번째, 내가 계속 떠날 수 있게 원동력이 되어준 첫 번째 여행지는 캄보디아였다.

영화 〈화양연화〉의 양조위가 생애 가장 아름다웠던 시간을 묻었던 곳, 앙코르와트. 그곳에 나도 가보아야겠다는 생각이 들었다. 나도 가서, 그곳에 무언가를 묻고 오고 싶었다. 태국의 국경을 넘어 육로로 갔던 그곳에 나는 어느 공모전 입선 상품으로 받았던 바퀴가 달린 수트케이스를 끌고 갔다. 매일 이동을 하며 숙소를 잡아야 하는 여행에, 바퀴가 달려 편할 줄만 알았던 가방이 내내 골칫거리가 되는 것을 몸소 깨닫는 순간이었다. 치마와 높은굽 신발은 90도에 가까운 경사로 된 사원을 기어오르기에 불편할 뿐만 아니라 보는 사람에게도 혐오감을 준다는 사실을 그곳에 가서 알았다. 그런 단순한 사실도 몰랐던 내게 캄보디아에서의 여행은 모든 게 시행착오였다. 그러나 시행착오로 얼룩졌던 나의 첫 여행은 다시 떠날 수 있는 용기를, 아니 오기를 주었다. 캄보디아행 비행기 티켓은 그래서 풋풋하고 새롭고, 불편하지만 설레는 러브레터와 같은 것이었다.

두 번째 러브레터

첫 번째 여행은 여행하자고 마음먹고 여행지를 결정했다면, 두 번째 여행은 여행지를 결정하고 여행할 날을 기다렸다. 두 번째는 조금 더 과감해졌다. 체 게바라 일대기를 다룬 〈모터사이클 다이어리〉에서 주인공이 바이크로 누볐던 남아메리카 일대를 여행지로 결정한 것이다. 스크린을 가득 메우던 페루의 마추픽추, 브라질과 아르헨티나 국경의 이과수, 볼리비아의 수도 라파스도 모두 매력적이었지만, 무엇보다 나는 체가 낡은 지도를 꺼내 매직으로 이동경로를 그어 가던 장면에 꽂혔다. 그걸 정말이지 따라해보고 싶었던 것이다.

작은 잡지사의 쥐꼬리만 한 월급으로 하루하루를 연명하던 나에게 지구 반대편, 그것도 하나가 아닌 네 개의 나라는 내게 조금 더 시간을 쪼개 아르바이트를 하게끔 만들었다. CBS 방송국에서 리포터로 활동하며, 거기서 생기는 수입은 〈모터사이클 다이어리〉라고 적힌 통장에 차곡차곡 쌓아갔다. 정확히 일곱 달 후 나는 그 돈을 남미에서의 생활비로 썼고, 지구 반대편인 만큼 만만찮았던 비행기 삯은 12개월 할부로 끊어버렸다.

여행을 준비하며 내게 러브레터가 된 것은 참 많다.

내가 지금도 여전히 사랑하는 직장, 월간 《사과나무》에 바친 나의 사직서, 두 달간의 남미 여행 동안 함께했던, 체와는 반대 방향으로 이동경로가 그어진 낡은 세계지도, 12개월 할부로 끊은 페루 리마 인·아르헨티나 부에노스아이레스 아웃 티켓, 그리고 월급에서 더 잘게 잘라 부었던 나의 적금 통장….

그때부터 나는 조금씩 알아갔던 것 같다. 여행은 내게, 남들이 열심히 뛰고 있는 그곳을 향해 나도 덩달아 생각 없이 따라가려고 할 때, '우선멈춤' 표지판이 되어준다는 것을 말이다. 그리고 다시 돌아와 열심히 일할 수 있는 충전의 기회가 되어주기에 나는 그것을 과감하고 용기 있게 최대한 활용하면 된다는 것을 말이다.

세 번째 러브레터

남미에서 돌아오는 비행기 안에서 나는 세 번째 여행지를 선택하기 위해 너덜너덜해진 지도를 펼쳐들었다. 어린왕자의 바오밥나무가 있는 곳, 수십 번 돌려보았던 다큐멘터리 〈세렝게티〉 속에 나오던 동물들이 있는 곳, 나는 아프리카의 동쪽에 크게 동그라미를 그렸다.

그리고 한국으로 돌아오자마자 남미 여행기 원고를 투고했던 출판사에 취직하게 되었고, 2년 동안 열심히 일하면서 받은 월급의 일부를 〈바오밥나무〉라고 적힌 적금 통장에 틈틈이 부으며, 언젠가는 또 그 땅 위에 서 있을 나를 그리며 살았다.

하지만 내 나이의 앞 숫자가 2에서 3으로 바뀌면서 책임감 앞에, 미래에 대한 두려움 앞에 여러 번 좌절하고 망설이는 시간은 점점 길어졌다.

그런데 참 신기하게도, 세 번째 러브레터는 제 발로 찾아왔다. 아니, 어쩌면 나의 간절한 마음이 가닿았는지도 모르겠다. 그것은 함께 일해보지 않겠냐는 어떤 회사의 러브콜이었고, 물론 아프리카를 다녀올 시간을 충분히 허락해주겠다는 근사한 러브레터였다.

나 대신 안아줄 수 있니?

그대 나의 봄날 PROLOGUE.

인생은 퍼즐조각처럼

사실 내가 아프리카와 인연을 맺게 된 건, 남미로 여행가기 전부터였다. 2007년 월간 《사과나무》라는 잡지사에서 기자로 일하고 있을 때였다. 당시 나는 친구의 소개로 탄자니아에서 활동하고 있는 김용주 선교사를 인터뷰할 수 있었다.

그는 고등학생 때 '목회자'가 되겠다고 하나님께 서원했다. 그러나 막상 고3이 되니 힘들고 가난한 직업이 싫어서 슬쩍 약학대에 진학했고, 이후로 20년 동안 약사생활을 했다. 그러나 그 20년 동안 그때 어린 마음에 눈물로 기도했던 선교에 대한 마음을 놓을 수가 없었단다. 그래서 40대에 다시 신학공부를 시작했고, 약사생활을 모두 접고 탄자니아로 건너가 의료사역을 시작했다.

"처음 그곳에 도착했을 땐, 어디부터 손대야 할지 막막했어요. 다들 신발조차 없어서 맨발로 다녔죠. 가시나 날카로운 돌부리에 상처가 나도 치료약이 없으니 그냥 그대로 다녀요. 상처는 계속 덧나고 곪기 시작하죠. 곪은 부분을 짜기라도 하면 좋을 텐데 그런 지식조차 없어요. 잠자는 사이 곪은 데 파리가 알을 낳으면 발 안에 구더기가 생기죠. 그 작은 상처 때문에 다리가 퉁퉁 부어 코끼리 다리로 살아가는 사람들이 한둘이 아니었어요."

그런 그들에게 김용주 선교사는 금세, 그리고 깊이 친해질 수 있는 친구였다. 역시 차가운 마음을 가장 쉽게 열 수 있는 방법은 아픈 곳을 어루만지는 것인가 보다. 그곳에 정착한 그는 병원과 교회를 세우고, 지금도 그곳에서 활발하게 활동하고 있다.

"병원이 세워진 뒤 우리 병원에 매일같이 놀러오던 아이가 있었어요. 의사가 되고 싶은데, 배울 형편이 아니죠. 그래서 우리가 공부할 수 있도록 지원을 했죠. 그 아인 의대 공부를 무사히 마치고 지금 우리 병원에서 일하고 있어요."

나는 인터뷰 내내, 울컥 눈물이 나려고 했다. 피 한 방울 섞이지 않은 그들을 위해 자비를 털어 땅을 사고 교회와 병원을 짓고, 목숨을 걸고 그들을 치료하는 이유를 물었더니, 그는 "내 안에 계신 하나님께서 하시는 일이죠" 한다. 나는 그 말에 고개를 끄덕일 수 있지만, 신을 모르는 사람들에게 이 기적 같은 일을 어떻게 설명할 수 있을까. 이미 그 내면에 검은 땅을 사랑하는 마음이 깊이 새겨져 있기 때문이라고 말하면 될까. '사랑'이라고밖에는 설명할 수 없는 일들. 그것을 당연하게 생각하는 그의 삶이 눈물겹도록 아름답다는 생각이 들었다.

인터뷰를 마치고, 선교사 부부와 함께 점심을 먹었다. 그들은 게으른 자취생을 위한 배려로 반찬이 특별히 많이 나오는 식당을 택했고, 생선 하나를 통째로 발라서 내 밥 위에 올려주었다. 간만에 챙겨주는 식사가 참 좋아서 나는 아기처럼 잘도 받아먹었다. 식사하는 동안 탄자니아의 또 다른 면모에 대해 들을 수 있었다. 탄자니아는 가난하지만 아름다운 자연을 가진 나라라는 것이다. 끝없이 펼쳐진 세렝게티 초원에 자유로운 동물들과 아름다운 해변, 밤하늘에 촘촘히 박혀 있는 아름다운 별들…. 동화 같은 이야기에 한때 막연하게 아프리카를 동경하며 시를 썼던 대학 시절이 떠올랐다.

> 다시 김용주 선교사를 만나게 된다면, 그때 그곳은 한국 땅이 아니었으면 좋겠다. 현지인들과 구분이 안 될 만큼 검게 그을린 모습으로, 그를 다시 만나는 곳은, 검은 땅 탄자니아였으면 좋겠다. - 《사과나무》 2007년 4월호

그렇게 마지막 문장을 마무리 지은 기사를 썼다. 기사라고 하기엔 개인적인 소망을 담은 글이었지만, 나로서는 내가 쓴 여러 꼭지 중에 애정을 무척 쏟은 글이기도 했다.
이런 지극히 개인적 소망을 이뤄줄 기회는 4년 뒤 현실로 찾아왔다.
'아프리카'를 마음에 품었으나, 다달이 월급이 꽂히지 않으면 불안한 현실 앞에서 그저 마감에 쫓기며 살던 어느 날, 함께 일할 사람이 급했던 한 출판사에서 연락이 왔다. 뜻밖의 러브콜에 기쁘기도 했지만, 올해가 가기 전 아프리카를 가고 싶었고, 이직 후에 아프리카를 다녀오는 것은 여러 모로 회사에 피해를 주는 것이기에 거절했다.

그러나 출판사 대표는 다시 한 번 "진희 씨가 그토록 가고 싶어하는 아프리카, 지금 다녀와요. 다녀오면 가을, 책 만들기 좋은 날이네요"라고 적힌 글을 이메일로 보내주었다. 그 순간 심장에서 '펑' 하고 샴페인 터뜨리는 소리가 났다. 생일 케이크 위에 촛불을 끄면 주위 사람이 터뜨리는 폭죽소리 같기도 했고, 여의도 축제에서 들을 수 있는 불꽃 터지는 소리 같기도 했다. 그리고 그 소리는 몇 날 며칠 계속되어 하루에도 몇 번씩 심장 쿵쾅거리는 소리 때문에 잠을 깨기도 했다. 기회는 모든 자에게 주어지지만 준비된 자만이 잡을 수 있다고 했던가. 일단 나는 지나가려는 기회를 잡으려고 손을 뻗긴 했는데, '나는 정말 '준비되었는가'에 대한 의문 때문에 그 설레는 와중에도 걱정이 들기도 했다. 그러나 도저히 이 기회는 그냥 놓칠 수 없었다. 나는 '준비되어 있지 않아도' 이 기회를 덥석 잡기로 결심했다.

그렇게 아프리카로 가기로 마음을 먹은 날, 나는 김용주 선교사에게 연락을 취했다. 현실로 다가온 이 신기한 일에 대한 보답으로, 이번 여행을 나만 즐거운 게 아니라 다른 사람들도 함께 즐거울 수 있게 도모해야겠다는 생각이 들어서였다. 마침 그는 업무차 한국에 와 있었고, 나는 당장 만나러 갔다. 그는 병원 옆에 작은 유치원을 설립했는데, 현재 유치원에 보조로 일할 사람이 필요하다고 했다. 방학 전 2주 정도 그곳에서 봉사할 수 있을 것 같았다. 그 시간 외에도 아프리카 곳곳에서 내가 할 수 있는 일을 찾아봐야겠다고 생각했다. 그리고 NGO 단체를 통해 몇 년째 후원했던 아이, 말라위에 있는 내 첫아들 카만가를 만나는 것도 계획에 끼워 넣었다.

선교사를 만나고 돌아오는 버스 안에서 들뜬 마음 때문인지, 이 생각 저 생각이 꼬리에 꼬리를 물었다. 또 마침 같은 나라의 아이를 후원하고 있는 동생 희경이후 흭이라 부른다 이 생각났다. 그녀가 예전부터 함께 아프리카를 가자 했지만 당시 직장에 매여 차일피일 미루고 있었기 때문이다. 나는 즉시 그녀에게 문자를 보냈다.

"흭, 나 생각보다 빨리 아프리카를 가게 되었어. 문득 네 생각이 나 문자 보내."
그랬더니 바로 전화가 왔다.
"언니, 세상에! 나도 아프리카 가. 언니가 빨리 못 간다기에 다른 동행자를 구했거든."
"그래? 출국일이 언제야?"
"7월 21일."
"뭐? 나도 7월 21일인데!"

꿈, 한발짝 더 가까이

놀랍고 신기한 일은 계속 벌어졌다. 흭은 당시 미술을 전공한 의류 VMD였고, 그녀가 구한 두 명의 동행자 역시 나와 비슷한 여행 콘셉트를 잡고 있는 언니들 ― 케냐의 지라니 합창단 등 여러 음악팀과의 교류를 통해 재능 기부를 하고 싶다는 초등학교 음악교사와, 방학 동안 아프리카 아이들에게 오르프 음악 노래 부르기, 신체표현과 춤, 언어활동 등 어린이들이 즐거워하는 활동에 기초하는 음악교육 을 교육해주고 싶다는 유치원 교사 ― 이었다. 우리는 함께 이 여행을 꾸리기로 했다.

처음 우리 넷이 만난 날, 나는 그녀들에게 내 생각을 이렇게 말했다.
"그냥 케냐 곳곳을 돌아다니며 축구공 같은 것도 나눠주고, 사탕도 나눠주고, 연주도 해주고 싶어요. 탄자니아에는 유치원 보조교사가 필요하다니까, 언니들 손길이 아주 많이 필요할 것 같아요."

우리의 첫 만남은 순조로웠다. 획과 언니들이 준비했던 케냐와 내가 가고자 했던 탄자니아, 이 두 나라를 함께 가기로 하고, 그곳에서 우리가 할 수 있는 일들을 정리해보았다. 음악수업, 미술수업, 학교 벽에 그림 그리기, 우리나라 전통놀이 가르쳐주기, 공연하기, 폴라로이드 사진 찍어주기 등 소소한 일거리들이 굉장히 많았다.

몇 가지로 정리한 다음, 나는 아이들과 만날 수 있게 도와줄 수 있는 기관, 지라니 합창단, 굿네이버스, 월드비전 등에 연락을 취하기로 했다. 그들과 연락이 안 된다면 길거리에 좌판을 깔아서라도 아이들을 모으기로 했다. 그리고 교사인 언니 둘은 개학 시기에 맞추어 먼저 귀국하고, 회사를 그만두고 떠날 획과 나는 말라위로 넘어가 각자 후원하고 있는 아이를 만나기로 했다.

모두 즐거운 여행

내가 아프리카를 가겠다고 말했을 때, 사람들의 반응은 딱 두 가지였다.
1. 그곳에서 누릴 수 있는 모든 좋은 것을 생각하는 사람
2. 그곳에서 일어날 수 있는 모든 위험요소를 생각하는 사람

물론 2번 유형의 사람이 98퍼센트이긴 하지만 2번 유형의 사람들은 일단 "그런데 왜 하필이면 아프리카니?"라는 대답하기 참 곤란한 질문으로 시작한다. 나도 사실 잘 모르겠다. 그냥 가고 싶은 건데. 뭔가 거창한 말을 해야 할 것만 같다. 그래서 떠듬떠듬 뭔가 변명처럼 아프리카에 가는 이유를 설명하면 그들은 여전히 이해할 수 없다는 표정으로 본격적인 걱정을 안겨준다.
"거기엔 온갖 종류의 벌레가 있을 거야."
"냄새도 엄청나대."
"사자가 너 잡아먹으면 어떻게 할 거니?"
"모기는 또 어떻고!"
"우가우가 추장 세 번째 마누라 되는 거 아니야?"

현실적인 면부터 시작해서 무식해 보이지만 창의적인 비현실적 걱정까지. 각양각색의 걱정거리를 풀어놓는다. 내 입에서 "아, 그렇다면 가지 말아야겠어"라는 말이 나와야만 끝날 것처럼. 물론 나도 처음 가보는 곳인데 어찌 무섭지 않겠느냐마는, 그렇다고 그 사소한 걱정들이 나의 사랑스러운 세 번째 대륙을 포기하게끔 만들진 않는다.
여행 떠나는 날을 앞두고 누군가 내게 물었다.
"넌 이 여행을 왜 하는 거니?"
그러게.
우리는 왜 이런 여행을 계획하게 되었을까.

그렇게 많은 나라를 가본 것은 아니지만, 나의 여행 스타일은 땅 밟기 혹은 그곳 유적지에서의 기념사진을 찍는 것과는 거리가 먼 것 같다. 거대한 자연 앞에서 말할 수 없는 감동으로 눈물 흘리는 것은 지난 남아메리카에서의 이과수 폭포, 티티카카 호수로 충분히 만족스러웠다. 그래서일까. 그곳 사람들, 내가 그곳을 통해 깊은 감동을 느낀 보답으로 그곳 사람들에게 해줄 수 있는 것은 무엇일까, 생각하게 되었다.

그것은 사람들의 미소였다. 그들의 웃음이었다. 평생을 살면서 웃는 시간이 어느 정도 있다면, 그 시간을 우리가 10분만이라도 연장시켜주면 어떨까, 생각하게 되었다.

그런 생각을 하니, 아프리카에 얼른 가닿았으면 하는 마음이 간절해졌다. 거창하지 않은 아주 사소한 보답, 그 정도의 보답을 할 수 있는 게 임무라면 우리는 충분히 가볍고 좋은 마음으로 부담스럽지 않게 다녀올 수 있을 것 같았다. 그리고 한국에 그런 마음을 가진 사람들의 대표로 가는 것이니 난 더 열정적으로 그곳을 사랑할 수 있을 것이다. 아프리카를 사랑하지만 갈 수 없는 상황에 놓인 사람들을 대신해 그들을 안아주자.

나만 즐겁지 않고, 모두가 즐거운 여행.

그 임무를 안고 비행기를 타기로 했다.

세상에서 가장 특이한 배낭

그대 나의 봄날 PROLOGUE.

구체적인 계획을 짜다

메일을 보냈던 굿네이버스와 지라니 합창단 그리고 월드비전으로부터 차례차례 답메일이 오기 시작했다. 거의가 일정상·특징상 우리의 기획을 반려해야 한다는 안타까운 답변이었지만, 우리의 마음을 높이 평가했고 다른 곳을 연결해 주기도 했다.

그렇게 여러 군데를 거쳐 우리가 최종적으로 닿게 된 목적지는 케냐의 '조이홈스'라는 한국인 선교사가 운영하는 남자 고아원이었다. 고아원에서 아이들과 함께 지내며, '조이비전스쿨'이라는 학교에서 방학 전까지 특별활동 수업을 진행해달라는 반가운 소식이었다. 마침 개교 10주년 행사를 준비하고 있어, 일꾼들이 매우 필요하다고 해서 더욱 반가웠다. 일거리가 없는데 괜히 가서 우리가 폐만 되는 것은 견디기 힘든 일이기 때문이다. 그리고 한 달 뒤 우리는 탄자니아로 건너가기로 했다.

우리 네 명은 틈틈이 모여 구체적인 일정도 짜고 연습도 했다. 이번 여행은 준비부터 즐거웠다. 여행은 비행기를 타는 순간 시작되는 것이 아니라 꿈꾸고 계획하고 그 계획을 위해 돈을 모으기 시작하는 그 순간부터가 여행이라는 것이 실감났다. 막상 그곳에 도착하면 변수야 있겠지만, 나름대로 준비물도 정리했다.

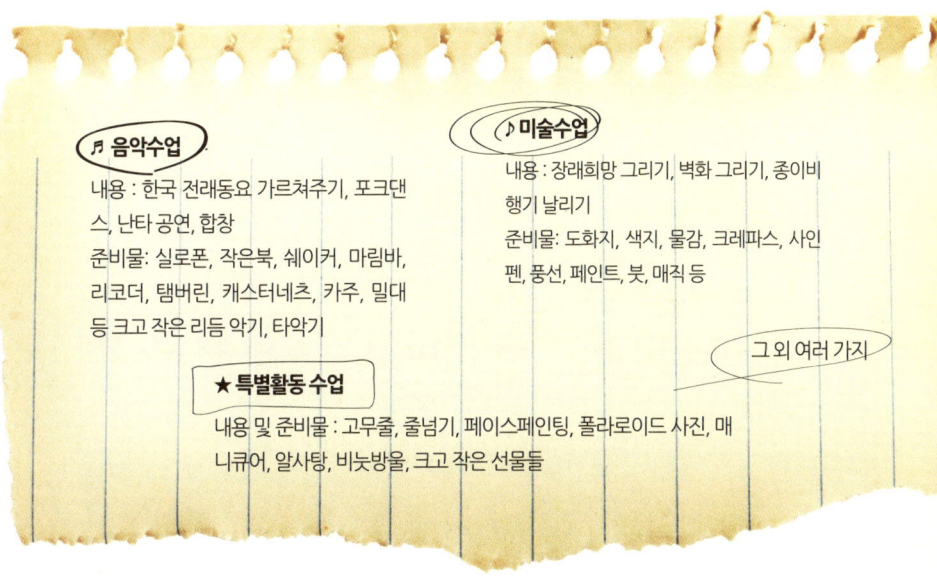

♪ 음악수업
내용 : 한국 전래동요 가르쳐주기, 포크댄스, 난타 공연, 합창
준비물: 실로폰, 작은북, 쉐이커, 마림바, 리코더, 탬버린, 캐스터네츠, 카주, 밀대 등 크고 작은 리듬 악기, 타악기

♪ 미술수업
내용 : 장래희망 그리기, 벽화 그리기, 종이비행기 날리기
준비물: 도화지, 색지, 물감, 크레파스, 사인펜, 풍선, 페인트, 붓, 매직 등
그 외 여러 가지

★ 특별활동 수업
내용 및 준비물 : 고무줄, 줄넘기, 페이스페인팅, 폴라로이드 사진, 매니큐어, 알사탕, 비눗방울, 크고 작은 선물들

챙겨야 할 준비물이 너무나 많았다. 나는 워낙 작은 체구를 지닌 터라, 짐이 무겁고 크면 보는 사람들이 버거워해서 늘 최소한의 짐만을 챙겨왔는데, 이번엔

내가 짐을 들어야 할지, 짐이 나를 들어야 할지 모를 정도로 어마어마한 준비를 해야 했다. 그전에 이 물품들 구입 방법도 관건이었다. 최대한 네 명이 골고루 나눠서 준비하기로 했다.

넌 감동이었어

우리는 최대한 물품을 스스로 구하되, 어려운 것은 주위 사람에게 도움을 청했다. 여행 목적을 알리며 필요한 물품을 후원해달라고 각자의 블로그를 통해 알리기 시작했다. 결과는 놀라웠다. 아이들에게 축구공을 대신 전해달라며 보내준 후원비, 아이들 생각하며 하나하나 만들었다는 예쁜 머리방울 100개, 곱게 포장된 알사탕, 알록달록 스티커들, 페이스페인팅용 물감, 폴라로이드 필름, 각종 구급약품 등 우리가 생각지 못했던 부분들까지, 출국 전날까지 손에 쥐어주는 사람들이 많았다.

이 사랑을, 아직 얼굴도 알지 못하는 너희에게 주는 이 사랑을 내가 잘 전달해줘야 할 텐데. 그곳에 가기도 전에 받은 이 감동을 고스란히 너희에게 전해줘야 할 텐데. 마음은 더더욱 두근거렸다.

배낭 한번 독특하구나!

출국하는 그날까지 몹시도 바빴다. 지역이 지역인지라 파상풍, 황열병, A형 간염 등 맞아야 할 주사도 엄청 많았다. 배낭은 더더욱 싸기가 힘이 들었다. 실로폰과 크레파스, 매니큐어랑 알사탕을 끼워 넣느라 내 옷가지는 계속 빼야 했다. 스킨로션 대신 비눗방울 액을, 클렌징 폼 대신에 물감을, 각종 전자기기 대신 플루트를 가방에 집어넣었다.

내 물건을 내려놓고, 그곳 아이들에게 줄 선물을 집어넣는 배낭을 싸며 참 많은 생각을 했다. 그 전엔 꼭 필요하다고 생각됐던 여행 물품이 뭐 사실 아주 필요한 것도 아니라는 생각을 하게 됐다는 것 자체가 놀라웠다. 끊임없이 집착하며, "이것 아니면 절대로 안 돼!" 하는 것은 사실상 존재하지 않는다고 해야 할까. 가치관의 작은 변화가, 내 관심사를, 내 중요했던 일을 한순간에 바꾸는 걸 배낭을 싸는 사소한 과정에서 깨달았다.

세상엔 모든 것이 중요하고, 그리고 또 모든 것이 중요하지 않다.

그렇게 드디어 세 꾸러미의 배낭을 등과 어깨에 주렁주렁 매달고, 함께 사는 친구의 열렬한 배웅을 받으며 공항으로 나섰다.

천국 한 조각
우리 이야기

결혼보다 아프리카 가는 것이 더 쉬웠던, 애인도 없는 30대 여자 넷은 과연 처음 밟는 땅, 케냐와 탄자니아와 말라위에서 어떻게 놀 것인가!(현재는 결혼한 사람도 있음을 밝힌다.) 여기서 잠깐, 그녀들을 간략히 소개한다. 이제는 나이순이 서러운 그녀들을 위해 가나다 순으로 소개한다. 그리고 이후에 그녀들의 이름은 모두 닉네임으로 대체하기로 한다.

강명신_까만땅콩

초등학교 영어 교사. 그러기 쉽지 않은 나이에도 왕성한 활동으로 인해 에너자이저라고 불린다. 각종 타악기를 짊어지고 가 검은 땅의 아이들에게 난타 공연과 즐길 수 있는 음악거리를 제공해줄 예정.

박진희_ 니콜키드먄

출판사 기획편집자. 사흘 전 부모님께 아프리카 행을 통보. 다음 여행엔 '찌질'하게 혼자 안 가겠다는 약속을 한 뒤 극적 협상타결. 아프리카에서의 역할은 착한 이모 역할. 폴라로이드 사진 찍어주기, 알사탕 주기, 축구공 나눠주기.

조정아_ 두북

오르프 음악교육 전문 교사. 검은 땅 아이들에게 차분하고 괜찮은 음악 선생님이 되어줄 예정. 4년간의 노력 끝에 프리랜서로 당당히 입성했으나, 돈줄을 내려놓기 힘들어 매우 짧은 일정으로 출국, 그 짧은 시간을 위해 악기까지 구입한 열정의 소유자.

조희경_ 조릭

의류 VMD. 아프리카 오기 전 굴욕의 영어 면접을 보고 더욱 낯두꺼워진, 엄청난 유머를 몸에 지니고 있는 여자. 검은 땅 아프리카에서 그녀가 하는 일은 아이들의 얼굴에 그림 그려주기, 고불고불 머리카락에 머리핀 꽂아주기, 매니큐어 발라주기.

저는 잘 지냅니다.
물도 잘 나오지 않고, 전기도 들어오지 않는 곳에서
새벽 일곱 시만 되면 200명이 되는 아이들이
파란 교복을 입고 산을 넘어오는
그곳에서.

깜깜한 허공에 수박 같은 이가 떴습니다

그대 나의 봄날 STORY 1.

드디어 도착한 검은 땅, 아프리카

물티슈로 대충 닦은 꾀죄죄한 얼굴로 이틀 만에 도착한 케냐 나이로비 공항은 정말 흰 피부는 찾을 수 없고 까맣고 동그란 두상과 길쭉한 팔다리의 사람들로 가득 차 있었다. 세상의 모든 낯선 것을 사랑하는 성격답게 나는 저기 저 출렁출렁 흔들거리는 길쭉한 팔을 덥석 잡고 싶은 맘이 굴뚝같았지만, 우리의 첫번째 임무를 수행할 곳에서 아이들이 눈이 빠져라 기다리고 있었기에 지체할 수 없었다.

공항에 마중 나온 조규보 선교사는 30명의 길거리 아이들의 아버지이자 200명의 가난한 아이들의 교장 선생님이다. 그는 1998년에 케냐 땅에서 고아원 사역을 시작했다. 도착한 그곳엔 전쟁으로, 에이즈로, 가난으로 부모를 잃거나 버림받은 아이들이 도처에 깔려 있었다. 쓰레기더미를 보금자리 삼아 길거리를 떠

돌던 아이들을 한두 명씩 데리고 와 함께 사는 것으로 조이홈스라는 고아원은 시작되었다. 지금은 이곳 조이홈스의 아이들이 '아버지'라는 한국말을 사용하며 그와 동고동락하고 있다. 조 선교사는 우리를 보자마자 '하늘에서 보내준 천사'라 부르며, 그간 얼마나 도움의 손길이 필요했는지 모른다고 말해주었다. 무언가 하지 않으면 불안해하며 살아왔던 터라 그 말을 들으니 부담보다는 오히려 안도가 되었다. 부랴부랴 점심을 먹고, 한국에서 구입하지 못했던 물품을 마저 구입한 뒤, 드디어 미션 장소로 향했다. 케냐 나이로비에서 한 시간 정도 자동차를 타고 들어가면 키자베라는 큰 마을을 지나게 된다. 그 안에 있는 작은 마을, 부족어로 따뜻한 물이 나오는 곳이라는 뜻의 '마이마히유', 전기도 들어오지 않는 이 작은 마을이 우리의 첫 번째 임무를 수행할 곳이다.

마이마히유, 첫 번째 임무지

땅과 하늘 그리고 드넓은 광야에 점점이 박혀 있는 조그만 집들 외에는 아무것도 없는 곳. 직업을 가질 수도 없어, 앞마당에 옥수수 농사를 지어 그것으로 자급자족하며 살아가는 마을이다. 옥수수가 생명을 연장해주는 유일한 먹거리임

에도, 이곳에 비가 오지 않은 지 5년이 지났단다. 우리가 도착하기 바로 직전에 케냐의 계절인 우기가 막 끝났는데, 그 우기에 비가 한 방울도 내리지 않았다 니, 이번 옥수수 농사도 망한 것이나 다름없었다.

우리를 태운 지프 차는 먼지를 가득 일으키며 마을로 들어섰다. 이 마을에 단 한 대밖에 없는 이 차의 익숙한 소리에 마을 아이들은 집밖으로 뛰어나와 손을 흔들었다. 병풍처럼 산이 둘러쳐진 곳에 세워진 조이홈스, 일곱 살부터 스무 살 까지의 남자아이들이 살고 있는 고아원이다. 이곳에 머물고 있는 서른 명의 아 이들은 집을 나와 길거리를 배회하며 본드를 마시거나, 부모에게 버림받고 친 척들에게 학대당한 아이들이 대부분이다. 도착하여 먼지투성이 차에서 내리니, 이미 날이 어둑어둑해졌다. 전기도 들어오지 않는 마을이라 해가 지는 순간 바 로 어둠이다. 하루 종일 우리를 기다린 아이들의 검은 얼굴이 어둠에 깔려 보 이지 않는다. 하지만 내 얼굴 앞 허공에 둥둥 뜬 수박 모양의 하얀 이들. 그 치 아들을 찾아 악수하며 첫 만남, 첫 인사를 나누었다. 그 와중에 우리와 얼굴색 이 같은 "어서오세요" 하며 우리를 반겨주는 50대 여자 한 분이 있었다. 아이 들이 안티고모라고 부르는, 조 선교사의 누나인 조규선 선교사였다. 수년 전 남

편과 사별하고, 남편에게 받은 사랑을 이곳 아이들에게 되돌려주고 있는 분이다. 늦은 나이에 외국으로 떠난 사람들은 특징이 있다. 만국공통어인 영어보다는 그 나라 현지어를 선택해서 빠른 시간 내 현지어를 습득한다는 점이다. 이후에도 안티가 충청도 억양 그대로 스와힐리어 아프리카 공용어 를 쓰며 아이들과 대화하는 모습이 내 눈에 그렇게 신기할 수 없었다. 케냐는 영국 식민지였던 터라 영어를 사용하는 사람들이 꽤 많았지만, 나는 안티를 보면서 영어보단 현지어를 사용할 때 더 친밀해질 수 있다는 것을 느꼈다. 이후 나도 아이들과 지내면서 스와힐리어를 빠르게 습득해갔다.

짧은 환영식을 마치고, 우리는 내일부터 시작되는 수업을 위해 바로 우리가 묵을 숙소로 움직였다. 조이홈스 고아원 2층에 마련된 작은 방 안에 2층 침대 하나와 간이침대 하나 그리고 바닥에 매트리스 하나가 깔려 있었다. 그것 외엔 아무것도 없고, 전기도 들어오지 않아 우리는 램프 하나 켜놓고 짐을 풀었다. 문도 제대로 잠기지 않는 방이지만 네 명이 각자 자리를 잡고 누우니 편안하고 아늑했다. 나는 가볍다는 이유로 2층 침대의 2층을 사용하게 되었는데, 그전에 이 매트리스를 썼던 사람이 꽤나 덩치가 있었던 것 같다. 매트리스는 이미 사람 모양으로 바닥이 푹 꺼져 있었다. 나는 웃으면서 그 사람 모양 안에 들어가 자리를 잡았다. 원래 내 방의 침대였던 것처럼 편안해졌다.

잠자리에서 아이들과의 짧은 첫 만남이 다시 한 번 떠올랐다. 낯선 나에게 열린 마음으로 다가오는 아이들과 손잡으면서 본능적으로 느꼈던 한 가지.

'나, 이곳에서 또 사랑만 받다 가겠구나.'

'나, 이곳에서 또 사랑만 받다 가겠구나.'

벼룩과 친구가 되다

그대 나의 봄날 STORY1.

잊히지 않을 만큼 힘든 추억

내 나이 스물여덟에 회사를 때려치우고 날아갔던 남아메리카 대륙 여행에서 가장 힘들었던 것은 해발 4000미터에서 느끼는 고산병도 아니었고, 모양만 좌변기였지 물 내리는 버튼이 없던 화장실도 아니었으며, 가는 곳곳마다 치근대던 느끼남도 아니었다. 나를 가장 괴롭게 했던 것은 '남미의 건조함'이었다.
남미의 건조한 날씨는 상상초월이었다. 특히 볼리비아의 우유니 소금사막에서 그 건조함은 절정에 달했다. 남들은 다들 우기 때 가서 하늘을 걷고 온다는데, 나는 바싹 마른 건기 때 우유니를 밟았다. 물론 우유니의 아름다움은 이루 말할 수 없다. 하늘과 소금으로 된 땅 외엔 아무것도 존재하지 않는, 해발 4000미터의 사막에서 바로 코앞에 있는 주먹만 한 별들을 감상했던 곳. 그리고 그 별만큼이나 잊히지 않는 내 피코딱지.

당시 얼굴에 겨우 바르던 스킨로션마저 똑 떨어져서 바셀린 연고를 로션삼아 얼굴에 바르며 연명하던 때였는데, 샤워 후 아무리 바셀린을 발라대도 온몸이 하얗게 일어났다. 눈뜨고는 볼 수 없던 '온몸 쓰나미 사태'였다. 잘 때는 또 어떤가. 자다 보면 코가 막혀서 숨을 쉴 수 없어 여러 번 일어나야 했다. 정말 최고의 추위에 최고의 건조함을 만끽하며 사막을 누볐는데, 사흘째 세수조차 못 했던 내 온몸은 사막의 소금만큼이나 하얗게 쓰나미가 일었고, 밤에는 코가 막혀 몇 번씩 일어나 고통 가운데 손가락으로 코를 파야 했다. 코 안의 딱지들은 딱딱하게 말라붙어 잘 떨어지지도 않았다. 눈물이 날 만큼 아프고 괴롭게 후벼 판 검지손가락 끝에는 바싹 마른 피코딱지가 붙어 있었다. 이것이 내 콧구멍에서 나온 것이 맞나 싶을 크기의 핏덩어리 코딱지가 손가락에 붙어 나온 뒤에야 겨우 잠을 청할 수 있었다.

그렇다면 아프리카에서 가장 무서운 것은?

한 번 지나가면 뼈만 남는다는 개미떼? 세상에 무서울 것이 없다는 마사이족? 사람이고 동물이고 닥치는 대로 잡아먹는다는 식인종?

모두 아니다.

몸에 단 한 마리라도 붙은 낌새가 보이면 입고 있던 모든 옷을 바꿔 입게 만드는 것이 있다. 단 한 마리가 기본 50번 정도 길을 내며 피를 빨아 먹는 것. 현지인들의 몸엔 잘 붙지 않으며, 오로지 외국인! 귀신같이 외국인은 기어코 알아보고 들러붙는 것. 한번 물리면 놀랍도록 가려워 피가 날 정도로 긁어야만 하는,

그러나 눈에 보이지 않을 정도로 작은 그것은, 바로 벼룩이다.

벼룩은 통통 튀어 다니는 해충으로 한 마리가 자리를 옮겨 다니며 수십 번 피를 뽑아 먹는다. 툭툭 멀리 튀기 때문에 한 몸에서 자유로이 옮겨 다닐 뿐만 아니라, 이 사람에서 저 사람으로 옮겨 다닐 수도 있다. 그래서 한 번 몸에 붙으면 도통 잡아내기 어려워서 뭔가 물렸다 싶으면 입고 있던 옷을 속옷까지 싹 벗어 물에 담가야 하며, 깨끗하게 샤워해야 한다. 벼룩은 물에 약하다

조이홈스에 도착하자마자 안티에게서 받은 교육이 바로 '벼룩 퇴치법'이다.

그러나 아뿔싸!

조이홈스에 도착한 이튿날부터 벼룩과의 전쟁은 시작되고 말았다. 자고 일어나니, 2층 침대 아래 칸에서 나지막한 신음소리가 들렸다. 동행자 언니, 두부의 목소리였다.

"나, 올 것이 왔나봐."

"왜, 왜 그러는데요?"

"이것 좀 봐."

가뜩이나 흰 살결의 소유자인 두부가 윗도리를 들춰 드러낸 허리라인을 보는 순간, 우리도 나지막한 신음소리를 낼 수밖에 없었다. 바로 이것이구나. 벼룩의 흔적이…. 팬티라인을 돌아가며 벼룩이 지나간 자리는 30여 개의 빨간색 자국들이 빽빽하게 나열되어 있었다. 안티가 그토록 조심하라던, 아프리카에서 우리나라 사람들이 적응할 수 없게 만들던, 바로 벼룩의 흡혈본능이었다.

모기도 유독 잘 물리는 사람이 있는 것처럼 벼룩도 특별히 좋아하는 사람이 있는 것 같았다. 심각한 사람들은 피고름이 날 정도로 퉁퉁 부어오르고, 물린 흉터는 몇 년이 지나도 사라지지 않는다. 두부가 그런 존재였다. 온몸이 두드러기가 난 것처럼 빨갛게 부어올랐다. 나는 놀다가 안 씻은 채로 엎어져 자도 벼룩이 내 곁을 전혀 맴돌지 않는 반면, 매트 위에 독한 모기약을 뿌리고 온몸에 바르는 모기약을 떡칠하는 두부의 온몸엔 기다렸다는 듯 벼룩이 달려들었다. 그녀는 결국 귀국한 뒤 한동안 병원을 다녀야 했다.
튼튼의 대명사이던 나도 단 한번, 벼룩에게 온몸을 뜯긴 적이 있다.
"니콜! 동키 타봤어?"
조이홈스의 큰아들이자 바람둥이로 소문난 드랑고가 내게 말을 걸었을 때, 그때를 조심해야 했다.
"아니, 아직 한 번도 안 타봤는데."
"이참에 한 번 타봐! 재밌어."
"그럴까?"
어떻게든 내게 환심을 사려는 드랑고는 이웃집 마틴이 끌고 온 동키를 막무가내로 잡아채고는 나를 가뿐하게 들어 동키의 등에 태웠다.
귀엽게 생긴 당나귀는 나를 태우고도 꼼짝하지 않았다. 드랑고는 동키의 엉덩이를 손바닥으로 때렸다. 그제서야 한 발짝 한 발짝 느릿느릿 움직이기 시작했다. 손바닥으로 엉덩이를 때릴 때마다 풀풀 뿜어져 나오는 먼지 때문에 괜히 탔나 후회도 했지만, 사실 무척 재밌고 신났다.

"안티, 나 동키 탔어요!"

"뭐라고? 뭘 탔다고?"

안티는 기겁하며 내게서 뒷걸음질쳤다. 그러더니 손짓으로 "저리 가, 저리 가" 하며 얼른 샤워하고 오라고 했다. 안티는 당나귀가 세상에서 가장 더러운 동물이라고 했다. 그 더러운 동물을 내가 좋다고 탄 것이다. 그러나 하필이면 그날 조이홈스는 단수가 되어서 나는 샤워 대신 물티슈로 온몸을 닦고 자야 했다.

아침에 일어나보니, 발목을 중심으로 60개의 벼룩 뜯긴 자국이 있었다. 엄청난 간지러움과 피가 날 정도로 긁어도 좀처럼 시원함을 느낄 수 없는 괴로움….

아프리카에 다녀온 지 몇 년이 지난 이 글을 쓰는 지금도 발목 부근을 자세히 살펴보면 거뭇거뭇한 벼룩의 흔적을 느낄 수 있다.

아프리카의 흔적이다.

백 개나 되던 고민이 이곳에선 아무것도 아니야

그대 나의 봄날 STORY1.

내일은 또 뭘 입지?

서울에 있을 때 나는 집에 들어와 씻고, 자기 전에 이 말을 입버릇처럼 하루도 빠짐없이 했었다. "내일은 뭘 입을까?" 그것이 자기 전에 하던 최대 고민이었다. 혼잣말이긴 했지만, 듣는 입장이었던 내 룸메이트는 그 말을 지긋지긋해 했다. 그 고민을 하며 잠이 들고, 아침에는 5분만 더, 5분만 더, 촉박하게 가는 시계를 보며 침대에서 아우성치다가, 눈도 제대로 뜨지 않은 상태에서 씻고 옷을 입고 회사를 향해 튀어가는 것이, 단 한 번도 벗어나지 않던 정형화된 아침일과였다.

케냐에 와서도 한동안은 잠결에 옆에 있는 휴대폰을 찾기 일쑤였다. 신나게 짹짹거리는 새들의 노랫소리에 맞춰 침대 주위를 손바닥으로 더듬더듬 훑는다. 아무리 찾아도 휴대폰이 손에 잡히지 않으면 번쩍 눈을 뜨며 일어난다. 그러곤 한참 정신을 못 차리다가 "아, 여기 아프리카지. 난 휴대폰도 시계도 없지." 중얼거린다.

그렇게 침대 밖을 비틀거리며 내려와 옷을 갈아입는다. "뭘 입지?"라고 고민할 수가 없다. 많아봤자 다섯 벌 정도였던 옷, 그 중 빨아서 마른 옷이 있다면 감사하며 입을 수밖에 없으니까.

한국에서는 그 많은 옷을 쟁여놓고도, 빈틈이 없을 정도로 꽉 차 있는 옷장을 들여다보며 입을 옷이 없다고 말했었는데, 이곳에선 매일 같은 옷을 입고도 지겨워졌다거나 옷이 해졌다고 불평할 일이 없었다. 아프리카는 우리나라보다 크고 광활해서일까. 마음도 덩달아 넓어지는 기분이었다.

생애 최고의 알람소리

딸랑딸랑 소리를 내며 가축떼가 지나가거나, 아이들이 소란스럽게 뛰어다니면 노랗고 미세한 먼지들이 가득 일어나는 이곳에서 하룻밤을 지냈다. 전기가 들어오지 않는 이곳에 시계조차 들고 오지 않은 나는 시끄럽게 울어대는 닭소리에 눈을 떴다. 눈을 비비며 2층 테라스 낡은 의자에 앉는다. 마이마히유의 전경이 모두 보이는 곳이다. 낮은 언덕배기에 있는 2층집인데, 건물이라곤 빈들 사이에 듬성듬성 있는 초가집들이 전부라서 지평선 안에 있는 모든 것이 한눈에 들어온다. 바로 정면엔 7시 20분부터 수업이 시작되는 초등학교 조이비전스쿨이 있고, 꼭두새벽부터 파란 교복을 입은 아이들이 통통 풀숲에서 나와 운동장을 가로지르는 모습이 연출된다.

전교생이 200명 가까이 되는데, 도대체 어디서 오는지 알 수가 없다. 인근에는 집이 열 손가락으로 다 헤아릴 수 있을 만큼 있고, 가장 가까운 키자베 마을이라 해도 산 하나를 넘어야 있는데, 버스는커녕 신발도 없는 아이들이 매일 어디서 어떻게 이곳으로 등교하는지 그저 놀라울 뿐이다.

하긴 네팔 히말라야 산 중턱에 사는 한 아이는 학교에 가고 싶어서 광주리 도르래를 만들어 케이블카처럼 타고 등하교를 하기도 했으니까. 간절함만 있다면, 두세 시간쯤 걷는 게 뭐 그리 대수일까.

그렇게 아이들은 7시가 채 되기도 전에 문도 열리지 않은 각 학년의 교실 앞에 한 학년에 반이 하나다 서서 삼삼오오 떠들고 있다. 고아원을 마주보고 있는 학교라 조금만 귀 기울이고, 이 부족언어에 능통했다면 무슨 이야기를 하는지 다 들을 수 있을 것 같았다. 매일 아침 나는 이 아이들의 목소리에 깨어나 한동안 물끄러미 2층 테라스에서 그들의 모습을 지켜보는 것으로 일과를 시작했다.

고아원 아이들도 교복을 꺼내 입고 학교 갈 준비에 여념이 없다. 어젯밤은 그들의 하얀 치아만 본 터라 난 아침부터 아이들의 얼굴과 이름을 연결해보려 노력했지만, 처음엔 정말 다 똑같이 보여서 누가 누군지, 매번 같은 아이에게 다른 이름을 부르는 실수를 저질렀다. 하지만 사흘 정도 지나니, 이 아이들이 얼마나 다르고, 얼마나 각각의 개성을 지녔는지 잘 알 수 있었다.

첫 수업

오늘은 초등학교 음악교사 '까만땅콩'과 유치원 음악교사 '두부'의 인솔 아래 전 학년을 돌며 음악수업을 하기로 한 날이다.

케냐는 초등학교가 8학년까지 있는데, 이곳은 아직 5학년 건물까지밖에 없어서 5학년을 마치면 다른 초등학교로 전학을 가야 하는 상황이다. 2013년 현재는 8학년 교실 건물까지 완공되었다 이것저것 준비한 악기를 가지고 운동장으로 들어서자마자, 200명 남짓 되는 파란 교복의 아이들이 전부 우리를 주목했다. 그리고는 소리를 지르며 환영했다. 처음엔 동물원 안 코끼리가 된 기분이랄까. 그러다가 용기 있는 아이가 다가와 손을 내밀기도 하고, 내 옷자락을 쓱 만지기도 한다. 난생 처음 가본 곳에서 이런 환영은 방문자에게 큰 위로가 된다는 것을 이 아이들은 알까? 우리나라와는 다르게, 신기하면 숨고 낯설어하는 것이 아니라, 다가오고 만지고 가까이 오며, 진심으로 알고 싶어하는 눈빛으로 쳐다보는 아이들. 그

열린 마음이, 낯선 땅을 밟은 우리에게 얼마나 큰 힘이 되는지를 이 사랑스런 아이들은 알까? 우리가 먼저 다가갔지만 어색하지 않게 항상 배려해준 것은 이 아이들이었다.

쇳덩이 하나로도, 그것을 구부려 트라이앵글 같은 악기를 만들어 연주하는 이곳 아이들은 음악에 천부적인 재능을 가지고 있었다.

리코더, 젬베, 쉐이커, 실로폰 등 작은 악기들을 난생 처음 보는 아이들은 수업에 있어서도 적극적이었다. 저마다 자기가 해보겠다며 손을 번쩍번쩍 들었고, 어려운 한국어나 영어 가사와 음계도 단번에 외워 우리를 놀라게 했다.

너는 밀가루처럼 하얗구나

쉬는 시간에도 아이들은 우리 곁을 떠나지 않았다. 풀밭에 앉아 있는 내 곁으로 와 나를 구경했다. 그 중 한 아이에게 악수를 청하니, 기다렸다는 듯 옆에 아이도, 그 옆에 아이도 내 손을 잡아댔다.

그리고는 뭔가 하얀 가루가 묻었나 싶은지 날 만진 자기 손을 살펴보는 아이들. 나는 그런 모습이 귀여워 하루에도 수십 번씩 그 까맣고 동그란 아이들의 머리통에 뽀뽀를 할 수밖에 없었다.

사진기만 갖다대면 우르르 몰려와 포즈를 취하는 아이들, 처음엔 세 명이었는데, 주춤하는 사이 아이들이 스무 배로 늘었다. 그러면 나는 프레임 안에 모두 담을 수 없어 계속 뒤로 한 발짝 한 발짝 물러나야 했다.

낯선 땅을 밟은 우리에게 가장 큰 힘이 되었던 순간들

가난한 것은 부끄러운 게 아니야
그대 나의 봄날 STORY1.

너희의 점심시간

땡그랑땡그랑

1층밖에 없는 학교에, 세 번째 학급에서 선생님이 고개를 쏙 내밀더니, 종을 울리기 시작한다. 모든 게 다 수동이라 수업시간은 10분쯤 늘어나기도 5분쯤 줄어들기도 한다. 갑자기 파랗고 노란 교복의 아이들이 "꺅" 하고 소리를 지르며 운동장을 질주해 조이홈스 쪽으로 달려간다. 이게 뭔 일인가 싶어 나도 함께 따라가 보았다.

이 소동의 이유는 지금이 '점심시간'이기 때문이었다.

유치원 아이들부터 자신의 도시락을 꺼내 차례차례 줄을 섰다. 물론 도시락은 비어 있다. 나름 급식체제를 갖추었기 때문에, 텅 비어 있는 도시락을 가져가면 거기다 담아준다. 도시락이라고 해봤자, 플라스틱 컵이 전부다.

그 컵에 수수 같은 여러 곡식을 섞어 쑨 죽을 가득 담아준다. 나는 이 죽을 우갈

리 백설기처럼 생긴 아프리카인들의 주식 보다 더 좋아했다. 약간 새콤한 맛이 느껴지는 이 죽을 나는 도배풀이라고 불렀다.

예스맨, 피터

나도 같이 줄을 서서 신맛 나는 도배풀을 얻어와 조이홈스 계단에 걸터앉아 먹고 있노라면, 또 호기심 많은 한둘을 시작해 내 옆에 총총 나란히 앉는 아이들이 있다. 그 중에 하나가 피터다.

피터는 초등학교에 딸려 있는 유치원 선생님의 아들로, 이 마을을 통틀어 가장 깔끔하다. 이곳 아이들은 신발이고 뭐고 온몸에 노란 먼지가 가득 끼어 있는데,

피터만은 예외였다. 마른 땅의 모래가 신발에 앉으면 손수건을 꺼내 침을 탁 뱉고는 깨끗하게 닦아내던 아이였다.

오늘도 역시나 하얀 바탕에 잔무늬가 그려진 셔츠를 입고선 내 옆에 앉았다. 아프리카 아이들은 흰옷을 즐겨 입지 않는다. 특히 비가 오지 않는 마른 땅에서 흰옷은 금방 더럽혀질 뿐 실용적이지 않기 때문이다. 이제는 버릇이 들어 습관처럼 손을 아이의 고슬고슬한 머리에 갖다댔다. 어, 미열이 느껴졌다. 꼬마도 자기가 아픈 걸 표현하고 싶었는지, 내가 손을 머리에 갖다대자마자 눈물을 글썽이기 시작했다.

하지만 이 아이에게 어떤 언어로 말을 걸어야 할지 몰랐다. 영어는 이제야 ABCD를 배울 것이고, 스와힐리어보다 끼꾸유 부족어가 더 편한 아이들이었기 때문이다. 뭐, 사실 선택의 여지는 없었다. "너 아프냐"는 말을 영어 외엔 몰랐기 때문이다.

"Are you Sick?"

하고 물었더니, 금세 이 녀석이 "yes"라고 대답하는 것이었다.

영어를 할 줄 아는구나! 나는 얼른 아이를 엄마에게 데려다주어야겠단 생각을 했다.

"Where is your house?"

"…yes."

"뭐? 뭐라고?"

"…yes."

아, 이런. 그럼 스와힐리어로.

"와피 wapi, 어디에 늄바 nyumbani, 집?"

"…yes."

아니, 아니야. 피터. 여기선 예스라고 하는 게 아니야.
나는 다시 힘주어 말했다.

"웨웨 wewe, 너 마마 mama, 엄마 와피?"

"yes…."

늄바니, 마마 와피? 별 말을 다 짜깁기해 보아도 이 녀석의 입에서는 "예스" 한 마디만이 무한 반복해 나왔다.

결국 아픈 아이를 들쳐 업고, 집집마다 찾으러 간 다음에야 아이를 무사히 엄마에게 넘겨줄 수 있었다. 아이는 엄마를 보자마자 울면서 봇물 터지듯 끼꾸유 부족어로 이야기하기 시작했다.

너희는 부자니까, 내 아이를 키워줘

이곳 마을 사람들은 거의 대부분이 편모가정이다. 사실혼 관계에 있는 사람이 없다. 결혼을 하려면 남자쪽에서 지참금을 매우 많이 지불해야 하는데, 그럴 형편이 되는 사람이 없는 것이다. 그래서 보통 동거를 하고, 책임감이 없는 남자들은 몇 년 살다 여자와 아이를 버리기 일쑤다. 일부다처 문화가 팽배해 있어서 이 악순환은 계속 이어지고 있다.

주로 엄마가 아이를 키우는 경우가 많고, 그건 비단 가난한 사람들에게만 있는 현실이 아니라 학교 선생님들도 태반이 여자 혼자 아이를 키우고 있다. 그걸 부끄러워하거나 수치라고 여기지 않는다. 모두 그렇게 살아가기 때문이다. 그래서 형제지간이지만 아빠가 다른 경우도 꽤 많다.

그래서 피터 같은 아이를 보면 마음이 더 쓰였다. 예뻐해주면 득달같이 엄마들이 달려와 "내 아이가 예쁘냐? 그러면 한국에 데리고 가서 키워달라"라고 부탁하기도 했다. 어떻게 미혼 아가씨에게, 자신의 아이를 덥석 안기며 키워달라고 하는 것일까. 한 아이의 엄마는 아이를 내 쪽으로 밀기도 했다. 이모를 따라가라며 강제로 아이를 내몰기까지 했다. 아이가 좋다고 나를 따라올 것인가. 피부색도 다른 희멀건 외국인에게 무턱대고 안길까. 그렇지 않다. 아이는 운다. 눈물을 뚝뚝 흘리며 밀쳐내는 엄마에게 더 가서 붙는다.

그럴 때마다 마음이 아팠다. 기어코 엄마품에서 떨어지지 않으려고 울고 있는 아이가 너무 아프게 다가왔다.

나는 가난이 두렵지 않다. 가난한 건 부끄러운 일이 아니다. 가난한 나라는 아주 크고 광활한 대지와 가까이 있고, 거대한 하늘을 볼 수 있었다. 넘치는 시간이 있고 여유가 있으며 모든 것에 감사할 줄 아는 마음도 생긴다. 그러나 가난이 불행한 일이라고 생각하는 건, 그건 부끄럽고도 두려운 일이다. 그래서 가끔, 이렇게 가난한 사람을 도와주는 게 오히려 좋지 않은 일인가 싶기도 했다. 그들을 돕지만, 그들과 같이 되려 하지 않는다는 것은 때론 그들에게 상처가 될 수 있는 것이다.

엄마 품에 매달린 귀여운 예스맨의 뒷모습은 어쩐지 슬퍼보였다. 스와힐리어도 내겐 너무 벅찼지만, 끼꾸유어를 얼른 배워 아이와 이야기하고 싶어졌다.

까칠까칠 흙벽에 벽화 그리던 날
그대 나의 봄날 STORY1.

조이홈스의 토요일 아침 풍경은 매우 분주하다. 먼저 그간 밀린 개인 빨래를 한다. 여덟 살이든 그보다 더 어리든, 자기 옷은 스스로 빨 줄 안다. 우리랑 빨래하는 방법도 사뭇 다르다. 우리는 비누거품을 낸 뒤 거품이 빠질 때까지 충분히 헹구는데, 여기는 거품을 잔뜩 내고는 물에 한번 담갔다 건져낸 뒤 바로 빨랫줄에 건다. 비누가 남아 있는 게 더 위생적이라고 생각하는 듯

그 다음은 각자 정해진 일을 한다. 맡은 일이 소 치는 것이면 소를 몰고 꼴을 먹이러 가고, 닭에게 모이를 주거나 달걀을 받아오는 일, 콩 심는 일, 화단에 물 주기 등 정해진 일을 하고 나면 오후 시간은 온종일 자유다. 우리도 토요일을 맞아 준비해 온 여러 일 중 미션 하나를 수행하기로 했다.

최고로 멋진 미술도구

조이홈스 고아원의 큰형들, 기숙사 생활을 하던 고등학생들이 하나둘 방학을 맞아 집으로 돌아오기 시작했다. 작은 아이들과는 미술시간, 음악시간을 통해 함께할 수 있는 일이 많았지만, 큰 아이들과는 어떻게 친해질 수 있을까 조금 걱정되기도 했다. 고민 끝에 고아원과 조이비전스쿨 중간에 세워진 교회 외벽에 그림을 함께 그리면 좋겠다는 아이디어가 나왔다.

준비해 간 미술도구라고는 아크릴 물감 조금과 가느다란 붓 두 개. 전날 부랴부랴 차를 타고 나이로비로 가서 겨우 구한 유성페인트 몇 가지 색깔 외엔 아무것도 없었다.

"붓이 없는데 어떡하지?"

"이 붓 두 개는 테두리 마무리 작업하는 데 쓰고, 나머지는 스펀지를 이용하자."

아이들이 쓰다가 버린 낡은 매트리스 하나를 꺼내 손으로 찢었다. 그랬더니 쓰고 남을 만큼의 붓이 만들어졌다. 이 정도면 아주 풍성하다. 아프리카에 와서 배운 것 중에 가장 귀한 것이 바로 이것이다. 자족하기. 있는 것에 감사하기. 풍성하게 가지고 있을 때는 몰랐던 감사함이 내 안에서 퐁퐁 솟아난다.

오병이어의 기적 같은 수십 개의 색깔들

교회의 낡은 벽은 생각보다 벗겨진 곳이 많았지만, 함께 작업할 아이들은 이미 신난 상태였다. 미술 전공자 '조획'과 몇 번의 벽화 그리기 경험이 있는 '니콜'은 먼저 벽에 묻은 먼지를 떨어내고 밑그림을 그렸다. 아프리카 하면 떠오르는

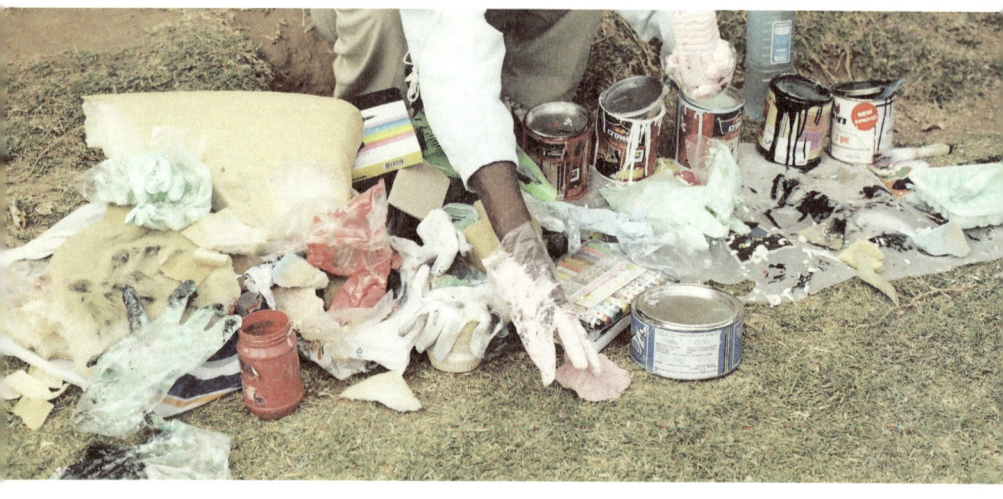

동물들과 우리의 얼굴색, 그들의 얼굴색을 지닌 천사들을 그렸다. 나무에 사랑, 기쁨, 행복 등의 열매를 주렁주렁 달기도 했다.

네 가지 색깔의 페인트를 서로 섞어 조금 더 많은 색을 만들어냈다. 그리고 아이들과 함께 스펀지에 페인트를 묻혀 벽에 톡톡톡 찍기 시작했다. 우리는 페인트칠하며 그들이 가르쳐주는 스와힐리어를 따라하기도 하고, 서툰 영어로 대화하기도 했다. 큰 아이들과 친해지기 위해 만든 이 아이디어는 이미 성공한 것이나 다름없었다.

하지만 작은 아이들이 가만히 있을 리 없다. 땡그랑땡그랑 수업 마치는 종만 울리면 아이들은 기다렸다는 듯 뛰어나와 벽화를 그리는 우리를 둘러싸고는 구경했다. 가끔 우리가 한눈 파는 사이, 참지 못한 꼬마아이들이 페인트 묻은 붓을 들고 벽에다 이름을 적어놓거나 낙서를 하기도 했다. 완벽하고 잘 그리는 것이 중요한 게 아니라, 이 벽화를 통해 우리가 좀 더 친해지는 것이 더 소중했기 때문에 낙서한 아이를 잡아다 나무라긴 했지만, 그들의 얼굴에도 우리의 얼굴에도 미소는 떠나지 않았다.

이틀에 걸쳐서 작업한 벽화가 완성을 향해 갔다. 시간이 지날수록 반복되는 스펀지 찍기에 농땡이를 피우기도 하고, 분업을 위해 같은 색깔을 칠하게 한 것에 싫증을 내기도 하고, 색깔이 똑같이 나오지 않아 얼룩덜룩해진 부분도 있었지만 꽤 멋진 작품이 나왔다.

"니콜, 이 코끼리 너무 커!"

회색빛을 내지 못해, 에메랄드 색깔의 몸뚱아리를 가진 코끼리를 인내심 있게

칠하던 보구아는 결국 내게 장난 섞인 불만을 표했다. 만난 지 5일도 채 되지 않은 우리는 이렇게 친해졌다. 그리고 앞으로도 우리가 함께 해야 할 일이 많다는 것에 새삼 더 즐거워졌다.

한국에서는 풍족했던 것들은 이곳 케냐에서는 찾아볼 수 없다. 물도 음식도 옷도 신발도… 내가 한없이 누리던 것들이 이곳에는 없지만, 이상하게도 '없음'으로 인해 행복해지는 것은 참 놀라운 일이다.

참, 기적 같은 일이다.

죽음의 버스 여행

몸바사는 아름다웠으나

"니콜, 아프리카 선교사 전체가 모이는 선교대회가 얼마 뒤에 몸바사에서 열리는데 각국의 선교사들이 어떤 일 하는지도 볼 겸, 놀기도 할 겸 같이 갈래요?"
우리에게 3박 4일 휴가가 주어졌다. 몸바사는 나이로비 다음으로 큰 케냐 제2의 도시다. 인도양 해변 관광지로 유명한 이곳은, 우리나라로 치면 부산쯤 된다고 볼 수 있다. 우리나라가 휴양지로 동남아시아를 많이 가는 것처럼, 유러피언들이 아름다운 인도양의 해변을 보기 위해 이곳을 많이 찾는다고 한다.
몸바사는 실로 아름다웠다. 그리고 우리가 묵었던 호텔도 아프리카에 있는 동안 묵었던 숙소 중 가장 아름다웠다. 그러나 조이홈스 아이들이 없는 이곳은 우리에겐 너무 심심한 곳이었다.
사실 가는 길부터가 매우 힘들긴 했었다. 당시 나는 한 달에 한 번 여자들만 겪는 고통에 시달리고 있었는데, 몸바사로 가는 길에 있던 화장실 악몽 때문에 지금도 글을 쓰는 손이 떨릴 정도다.

관광버스 한 대가 작은 간이 휴게소에 섰다. 버스 한 대에는 50명 정도의 인원이 타고 있었고, 휴게소에는 이미 각 나라에서 온 여러 대의 관광버스가 줄지어 서 있었다. 화장실은 단 세 칸. 물이 나온다거나 휴지가 있을 거라는 기대는 애초에 하지 않았다. 그래도 재래식 푸세식이면 깊게 구덩이를 파든가, 수세식이면 물을 내릴 수 있는 장치를 만들든가 해야 하는 게 아닌가. 사용법은 푸세식인데 모양은 수세식이다. 줄을 설 때까지만 해도 이런 일이 벌어질지 꿈에도 상상 못 했으나, 화장실 문을 열곤 '여기가 지옥이구나' 했다. 앞으로 여섯 시간은 더 가야 하고, 또 다른 휴게소에 선다 해도 이보다 더 좋은 화장실을 기대할 수 없었기에 나는 눈물을 하염없이 흘리며 화장실을 사용했다.

나는 그곳에서, 각 나라 사람들의 변을 모두 보았으며, 행여나 그 변이 묻을까 걱정하며 젖먹던 힘을 다리에 쏟아부으며 볼일을 봐야 했다.

그래, 그래도 중국이나 인도처럼 문이 없진 않잖아? 문을 열고 볼일을 봐야 할 일은 없잖아? 나는 더 최악의 상황을 상상하며 지옥 같은 경험을 마무리했다.

그리고 케냐는 나이로비 중심부만 벗어나면 도로상황이 아주 좋지 않다. 일단 차도에 중앙선이 없다. 처음에 차를 타고 조이홈스를 갈 때, 난 여기서 죽겠구나 싶었다. 운전자는 수백 번도 넘게 그 길을 달려서 익숙했겠지만, 중앙선도 없는 데다 산길이라 한쪽은 낭떠러지였다. 케냐에 있는 동안 그 길을 다섯 번 정도 지났는데 볼 때마다 사고현장을 목격해야 할 정도로 위험했다.

선교사님을 웃겨 드리자!

그렇게 우여곡절 끝에 몸바사에 들어왔는데, 할 일이 없었다. 해변도 걷고 해수욕도 하면 될 터인데, 선교대회에 모인 선교사들은 끝없이 회의와 세미나와 예배를 하고 있는데, 우리만 뭔가 잉여처럼 앉아 있으려니 마음이 매우 불편했다. 우리가 뭘 할 수 있을까 고민하다가, 전체 세미나 시간에 특별공연을 하면 어떻겠냐는 의견이 나와 나름대로 열심히 아주 웃긴 공연을 준비했다. 기독교 노래를 트로트처럼 부르는 콘셉트였다. 의상과 소품까지 완벽히 준비했다. 건망증이 심한 까만땅콩만 가사를 잊어버리지만 않는다면 완벽했다.

준비하는 동안 우리는 웃겨 죽겠다고 난리났었는데 막상 세미나실로 들어가니까, 너무 숙연하고 경건하다 못해 심각한 분위기였다. 게다가 우리 순서는 하필이면 예배와 사업 보고 다음이었다. 무대에 올라가서 욕먹는 게 아닌가 싶었는데, 다행히 우리의 엉뚱한 퍼포먼스를 매우 즐거워해주셨다. 평균 33세 노처녀들의 약간 정신 나간 일탈이었지만 2박 3일 동안 지내면서 잘한 일이 뭐냐 묻는다면, 이 일 밖에 기억 나지 않는다. 수영을 해도, 일광욕을 해도, 그저 불편한 마음뿐이었던 것이다.

'일꾼용' 자매들의 특성이기도 하다.

일하지 않는 자, 먹지도 말라!

옹졸한 나를 풍요롭게 만드는 곳

그대 나의 봄날 STORY 1.

아프리카는 참 신기한 나라다. 쌀집아저씨 김영희 PD는 아프리카를 다녀와 쓴 책의 인세를 아프리카 우물 파는 사역에 후원하는 데 썼고, 『하쿠나 마타타, 우리 함께 춤출까』의 저자 오소희 작가도 아프리카를 다녀와서 많은 사람들을 후원하기 시작했다. 긴급구호대장이었던 한비야마저도 7년간의 오지여행을 접고 아이들을 위해 자신의 몸을 아낌없이 쓰겠다고 마음먹은 것은 아프리카 땅에서였다. 아프리카 땅은 사람의 마음을 변화시키는, 참 신기한 곳이다. 그건 아마도 겉으로는 가난해도 마음은 풍요로운 사람들이 가득한 곳이어서 그럴지도 모르겠다.

영광의 10주년 행사

조이홈스 10주년 기념행사 날이 코앞으로 다가왔다. 조이홈스가 리무루라는 지역에서 판자촌으로 시작해 지금은 마이마히유에서 가장 멋진 2층집이 될 때까지 10년이라는 시간이 걸렸다. 이 시간 동안 조이홈스를 아낌없이 후원해주신 분들을 초대하고, 마을 사람들도 초대해 공연도 하고, 음식도 나눠 먹는 행사였다.

2주간 이곳에 머물렀던 이유도 바로 이 날을 위해서다. 아이들은 틈만 나면 행사 날을 위해 발표회 연습을 했다. 우리가 이곳에서 맡은 또 하나의 일은 행사장 데코레이션과 '난타 공연' 그리고 아이들을 위한 영화를 준비하는 것이었다.

초등학교 음악교사이자 오르프 협회 임원인 '까만땅콩'은 아이들이 난생 처음 접하는 '난타'를 가르쳤고, '조획'과 '니콜'은 행사장소를 예쁘게 꾸미는 일과 조이홈스의 지난 10년을 돌아보는 동영상을 맡았다. 악보도 박자도 음표도 모르는 아이들에게 이론적으로 무언가를 가르친다는 것은 매우 힘든 일이다. 까만땅콩은 초반에 어지럼증을 호소하며 연습하는 데 부담감을 느꼈지만 마지막 발표회 때 아이들의 멋진 공연과 마지막에 터져 나온 환호성은, 그간의 고생을 말끔히 씻어주었다.

훗날 까만땅콩이 한국으로 먼저 돌아가고 나서도 한동안 아이들은 머리에 두건을 쓰고 마대자루를 들고서 쿵쿵따 쿵쿵따 땅을 치며 돌아다녔다.

함께 있을 수 있다면

조이홈스 10주년을 축하해주기 위해 온 한국팀_{수원영락교회 봉사팀, 이하 한국팀이라고 부르겠다}의 멋진 사물놀이 공연을 시작으로, 비전스쿨 아이들이 밤낮을 가리지 않고 연습한 전통춤과 노래, 까만땅콩이 준비한 난타 공연, 흭과 니콜이 만든 10주년 동영상까지… 전날 벽화를 완성한 교회에 가득 찬 사람들은 그곳에서 공연을 보며 울고 웃었다. 어디서 이렇게 많은 사람이 모였는지, 가장 예쁜 옷을 꺼내 입고 몇 시간을 걸어온 사람들은 행사가 끝나도 떠날 줄 몰랐다. 우리는 혹시나 싶어, 아이들을 위해 준비해 간 만화영화〈라이온 킹〉을 틀었다. 전기도 들어오지 않아 TV라는 걸 모르고 산 사람들. 전날부터 비축해둔 태양열로 혹시나 꺼질까 노심초사하며 틀어놓은 빔 프로젝트는 다행히 영화가 끝날 때까지 말썽 부리지 않았고 아이뿐만 아니라 어른들까지도 모두 눈을 반짝이며 관람했다. 그래도 그날의 하이라이트는, 우리가 밤을 새며 고른 조이홈스의 발자취를 담은 사진과 함께 만든 10주년 행사에 초대받은 이들에게 보내는 영상 편지였다. 조 선교사님은 4년이 지난 지금도 이 영상을 매우 좋아해서, 한국에 초대받아 간증하게 될 때면 이 영상을 먼저 틀고, 네 천사 이야기를 한다고 했다. 그래서 그날 밤새 만든 영상의 문장들을 한번 옮겨본다.

10년 전, 리무루에서 시작된 조이홈스
힘든 일, 슬픈 일, 고된 일이 많았지만
하나님이 주신 열정으로
그것이 힘들거나 슬프거나 고된 일로 느껴지지 않았습니다.
아무것도 없는 메마르고 척박한 땅
잘 곳이 세워지고

학교가 세워지며
교회가 세워지는 기적으로
우리의 이름인 '기쁨'을 마음껏 누릴 수 있었습니다.
메마른 땅에 솟아난 샘물과 같은
조이홈스, 케냐 땅에 세워진 축복의 통로

언어도 다르고
생김새도 다른 우리가
이토록 사랑할 수 있다는 것도
하나님이 주신 은혜
그 은혜 끝까지 누릴 수 있기를

조이홈스가 건강하게 자라 열 살이 되었습니다.
비록 지금은 휘청거리고
방황하는 사춘기 소년이지만
스무 살 청년이 되고 서른 살 어른이 될 때까지
하나님 손 붙잡고 당당하게 걸어가겠습니다.
아이이 되고 쉼이 된 조이홈스가 또 다른 많은 조이홈스를 낳아
세상을 환히 비출 때까지, 계속 응원해주세요.

아침부터 저녁까지 분주했던 시간이 지나가고 우리는 간만에 호롱불에 머리를 맞대고 오랫동안 이야기꽃을 피웠다. 금남의 방인 안티 방에 수단 전쟁고아인 창이 살짝 놀러왔다. 희이 그려준 자신의 얼굴에 즐거워하는 창. 마음이 따뜻해지는 풍요로움은, 아이의 입가에 번지는 미소만으로도 체험할 수 있다.

아프리카, 신기한 나라. 이 검은 땅은 작고 옹졸했던 나의 마음을 드넓은 대륙을 품을 수 있게끔 넓혀준 곳이다.

만다지 만들어주던 날

그대 나의 봄날 STORY1.

10주년 기념행사 때문에 시끌벅적했던 조이홈스 고아원 앞마당이 갑자기 텅 비었다. 한국에서 10주년을 축하하러 왔던 한국팀도 귀국하기 전 마지막 날이라 암보셀리 국립공원에 잠깐 들렀다 오겠다고 했다. 모든 손님들이 빠져나가고, 큰아이들도 방학이 끝나 학교로 돌아간 날, 참 오랜만에 고요한 날이 찾아왔다. 우리 꼬맹이들과 안티 그리고 우리 네 자매들만 남은 일상으로 다시 돌아온 것이다.

아프리카의 시간은 아주 천천히 흘러간다.

나는 오랜만에 늦잠을 자고, 천천히 이 고요한 마이마히유 마을을 산책했다. 눈여겨 두었던 들판에 덩그마니 놓인, 뭐랄까, 꼭 마사이족의 야외 침대같이 생긴 큰 바위 위에 누워 일광욕을 즐기다가, 글도 쓰다가 했다.

그러고 나서 고아원 앞마당으로 돌아갔는데도, 아직 점심때가 채 되지 않았다.

늘 바쁘고 부산히 무언가를 해야 하는 에너자이저 워커홀릭 까만땅콩 언니는 그간 바빠서 하지 못했던 오르프 수업과 영어수업을 식당에서 열었다. 아이들은 플라스틱으로 된 알파벳 모형을 들고 서로의 이름을 만들어가며 즐거워하고 있었다.

"니콜, 아이들한테 만다지 만들어줄까?"

"만다지가 뭐예요?"

만다지는 도넛과 비슷한 아프리카 간식거리다. 밀가루 반죽을 호떡처럼 만들어 기름에 튀겨서 설탕을 뿌리면 끝이다. 아이들이 무진장 좋아하는 음식이라 한 아이에게 두 개씩 돌아가도록 넉넉히 만들었다. 만다지는 완성됨과 동시에 사라졌다. 아무런 양념 없이 튀긴 밀가루 반죽일 뿐인데 아이들이 어찌나 좋아하던지. 물론 나도 맛있게 먹었다. 아프리카에서 먹는 음식은 모두 내게 잘 맞았다.

안티와 조이홈스의 원장이 모두 한국 사람이기에, 우리는 그곳에서 하루에 한 끼 정도는 한국식 밥을 해먹었다. 안티가 한국에서 신주단지처럼 모셔온 압력솥에 밥을 한가득 해서. 네 자매는 다른 이가 더 많이 먹을까봐 숨도 쉬지 않고 폭풍 흡입했다. 가끔은 솥을 살짝 태워 누룽지까지 해먹을 정도. 안티가 그렇게 해먹으니, 조이홈스 아이들도 한국 음식을 생각보다 많이 접했다. 그러나 그다지 한국음식을 좋아하는 것 같진 않았다. 우리가 환장하는 라면이나 짜파게티 같은 건 입에 전혀 대지 않았다. 그리고 이렇게 더운 지방에 살면서도 차가운 음식은 음식 취급을 하지 않는 것 같았다. 아이스커피라든지, 냉면 같은 건 케냐 도심에서도 잘 찾아볼 수 없었다.

그런 아이들이 유일하게 좋아하는 한국 음식은 '김밥'이다. 처음에 마이클이 내게 와서 블랙 페이퍼에 싼 라이스를 이야기하기에 무슨 소린가 했었는데, 알고 보니 그것은 김밥이었다. 자주 해줄 수는 없지만, 분기별에 한 번씩 안티가 김밥도시락을 싸주는 날이면, 원래도 아이들이 가장 좋아하는 안티의 인기는 최고조에 달한다고.

그렇게 간식을 먹고도 한참 동안 아이들과 뒤엉켜 앞마당에서 놀고 있던 늦은 오후, 암보셀리 공원에 갔던 한국팀이 고아원으로 돌아왔다.

"어머, 왜 이렇게 빨리 오셨어요?"

"너무 재미없어서요. 국립공원보다 여기가 더 좋은 것 같아요."

나는 그저 고개를 끄덕이며 웃을 수밖에 없었다. 세렝게티에 가면 아기 사자들이 우리가 탄 트래킹카에 매달려 논다는 이야기를 들으며 아프리카에 가게 되면 당연히 세렝게티! 라고 생각했던 내가, "조이홈스가 더 좋아요" 하며 세렝게티를 포기하고 고아원에 머물게 된 장본인이기 때문이다.

그들의 마음이 충분히 이해되었다. 나를 기억도 하지 않을 초원의 동물들보다, 어느새 정이 든 아이들의 눈망울을 보며 몇 마디라도 더 이야기를 나누는 것이 한국으로 돌아가는 날의 마지막을 장식하기에 더 없이 좋은 것이니까.

한국팀은 마지막 날을 기념하기 위해 캠프파이어 준비를 했다. 이 팀은 조이홈스 원장님인 조 선교사를 파송 보낸 교회에서 온 것이다. 10여 년 전 조이홈스가 생길 때부터 후원하던 이들이자, 고아원에 아이가 늘면서 1:1로 고아원 아이들과 결연을 맺은 사람들이다. 그러니까 닉슨의 할머니, 마이클의 엄마, 제임스의 아빠가 온 것이다.

가끔씩 편지도 주고받고, 서로를 위해 기도해왔지만, 얼굴은 처음 보는 거라 매우 마음이 설레고 벅찼을 것 같다. 특히 제임스를 후원하는 덩치 큰 남자 집사가 마지막 날 제임스를 안아줄 때, 그 모습은 잊지 못할 것 같다. 사춘기 남자애와 무뚝뚝한 중년 남자는 서로 친해지기 몹시 힘든 존재가 아니던가. 게다가 두 사람은 말도 통하지 않는다.

서먹하던 사이는 열흘 동안 천천히 친밀해져갔고, 마지막이 되어서야 깊고 진한 포옹이 가능해졌다. 내 기억에도 이렇게 오래 남을 일이면, 그 둘은 매번 그때 그 기억을 되뇌며 코끝이 찡해올지도 모르겠다.

제임스 이야기를 하니 재미있는 사건이 떠오른다.

고아원에는 제임스가 둘이다. 큰 제임스는 위에서 언급한 남자 집사의 양자인 제임스 가리유키. 그리고 제임스 게이오. 게이오는 5학년 전체에서 1등 하는 아이다. 암기력도 뛰어나고 특히 수학에 재능이 있었다. 그에 반해 가리유키는, 게이오보다 다섯 살이나 많은데, 같은 학년에서 전체 꼴등이다. 나이에 비해 지능이 낮다고 해야 할 것이다. 잘생긴 얼굴에 다부진 체격이라 말을 몇 번 해보지 않는 이상, 얼굴만 보고 반해서 다가오는 여자들이 꽤 많을 정도다. 초등학교 5학년인데 말이다.

우리가 갔을 때 중간고사 기간이어서 하필이면 양아버지 손에 가리유키의 성적표가 얹어 걸렸다. 양아버지는 그날 종일 가리유키의 성적 때문에 표정이 어두웠다. 진짜 아빠가 친아들 성적을 걱정하는 듯해서 나는 그 모습이 내내 마음에 남았다.

아프리카의 시간은 정말 더디 가는 줄 알았는데, 이들의 이별을 보니 시간은 참 빨랐다. 이 시점부터 내 시간도 급속도로 빠르게 흐르고 있음을 절감했다.

캠프파이어는 오래도록 이어졌다. 귀국하는 날 서둘러야 할 것들도 잊어버리고, 한국의 부모들은 모닥불 앞에서 고구마와 감자를 먹으며, 게임하고 대화하며 흘러가는 시간을 아까워하며 보냈다.

아프리카 사람들의 그, 특유의, 봐도 봐도 질리지 않는 북소리, 흥겨움. 그들의 즐거운 흥과 춤과 노래는 밤새 이어졌다.

신중한 레게머리를 부탁드립니다

그대 나의 봄날 STORY1.

쉽게 어울릴 헤어스타일이 아니잖아

이쯤에서 불평 한마디 하고 싶다.

까만땅콩과 흭은 아프리카에 있는 동안, 기념으로 레게머리를 했다. 흭은 자그마치 두 번이나 했다.

신은 인간을 창조할 때, 각 나라에 맞게끔 머리통과 머릿결을 허락하셨음을 절감했다. 보통 사람들은 아프리카인들의 머릿결을 매우 거친 악성 곱슬머리로 생각한다. 너무 꼬불거려서 머리카락이 되레 살갗을 파고든다고들 생각하는데, 사실 그렇지 않다. 고슬고슬하고 보슬보슬한 아프리카인의 머리카락은 아주 보드라운 스펀지 같다. 그래서 한번 촘촘하게 땋으면 머리를 오랫동안 감지 않아도 불편하지 않고, 물이 닿아도 잘 풀어지지 않는다.

문제는 우리나라 사람들의 머릿결이다. 대부분이 직모라서 레게머리를 하고 사흘 정도만 지나면 잔머리가 송송 삐져나온다. 그리고 말이 쉽지… 사흘 머리를 감지 않으면 간지러워서 못 견디고 비듬도 엄청 생긴다. 까무잡잡한 머리에 길을 내면 별로 티가 나지 않는데, 우리나라 사람들의 두피는 하얗기 때문에, 레게머리를 하고 있으면 솔직히 흉하다. 사흘이 고비다. 사흘이 지나면 머리를 땋은 본인이 못 참는다. 까만땅콩과 힉 역시 사흘이 고비였다.

문제는 그 머리를 혼자 못 푼다는 것이다. 그래서 레게머리를 하지 않았던 나는 자그마치 세 번이나, 며칠을 안 감은 남의 머리, 비듬 많고 냄새나고 흉한 그 머리를 2시간 가까이 만지며 풀어야 했다. 그래서 아프리카 여행을 꿈꾸고 있는 모든 여행자에게 조언 하나 해주고 싶다.

1. 레게머리가 진정 내게 어울리는지 신중하게 열 번은 더 생각하라.
2. 최소한 한 달 이상 머리를 감지 않겠다는 확고한 신념이 필요하다.
3. 고비를 넘기지 못하고 땋은 머리를 풀 때, 욕하지 않고 2시간 이상 함께 즐거운 마음으로 머리를 풀어줄 친구가 곁에 있는지 확인하라.

자고 일어나면 모든 게 꿈일까봐

그대 나의 봄날 STORY1.

아이들과 헤어질 시간을 염려하다

비가 오지 않아 조금만 움직여도 부드러운 모래먼지가 가득 일어나는 이곳이…
전기도 없고, 마실 물도, 컴퓨터도, 아무것도 없는 이곳이…
온 지 일주일도 되지 않아 내 마음에 가득 찼다.
한국에 없는 것이 너무 많은 이곳에서, 한국에서 누리지 못한 행복을 느낄 수 있다는 것은, 여기가 바로 정답이라는 뜻이 아닐까 라는 생각을 하게 될 무렵, 2층 테라스나 학교 운동장에서 혼자 덩그러니 앉아 글을 쓰고 있을 때면 가끔 두려워지기도 했다. 곳곳에서 들리는 "기마니!" "창!" "마틴!" 서로가 서로의 이름을 부르는 그 소리들을 언젠 듣지 못하게 될까봐, 나는 벌써부터 이 아이들과 헤어질 것이 두려워졌다.
햇빛 좋은 날, 어디를 앉아 있어도 마냥 행복하기만 한 앞뜰에서 한바탕 사진 찍기 놀이가 벌어졌다. 사진 찍기 놀이가 끝나면 아이들은 또 다른 놀이를 하고 싶어 맴맴 돈다. 가지고 온 파라슈트로 낙하산 놀이도 하고, 큰 줄넘기를 가지고 와서 전통 놀이 꼬마야 꼬마야도 한다. 온종일 이렇게 놀고 있어도, 서울에 있을 때 1분 1초를 따지던 그때보다 훨씬 더 여유롭다.

"니콜, 팔씨름해요."

"엥? 너희 팔씨름도 할 줄 알아?"

"안티가 가르쳐줬어요."

그렇게 또 한바탕 벌어진 팔씨름. 실제로도 아이들이 힘이 무척 세긴 했지만, 온힘을 다해 바들바들 떨면서 덤비는 아이들을 차마 이길 수 없었다.

내 팔을 넘겨뜨리고는 좋아하는 아이들, 깔깔깔 넘어가는 아이들이 그냥 고맙다. 잘 시간이 넘었는데, 잠이 오지 않는다.

아이들이, 이 공간이, 내게 주어진 시간이 자고 나면 모두 꿈일까봐. 잠을 이룰 수가 없어서 우리는 호롱불을 켜놓고 재잘재잘 밤늦도록 이야기했다.

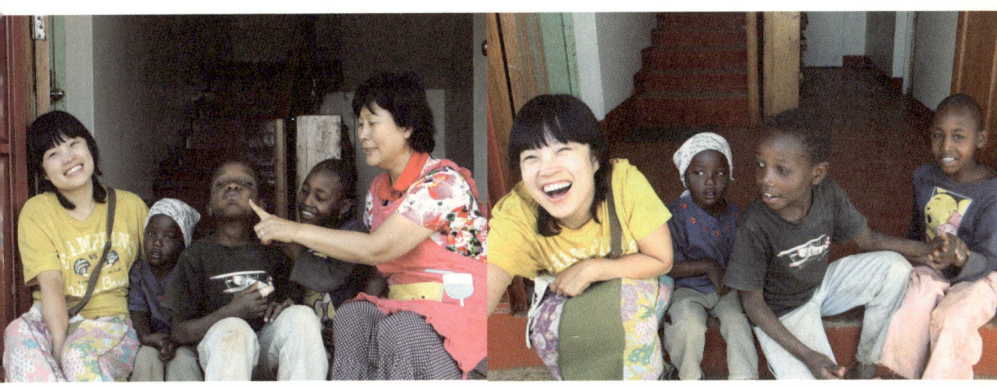

WELCOME

안녕, 반가워!

볕 좋은 날, 한바탕 사진 찍기 놀이

천국 한 조각
기마니 이야기

조이홈스 막내둥이는 마틴과 기마니다. 초등학교 1학년 나이로, 사실 마틴이 한참 작고 어려보이긴 하지만, 정신적인 나이로는 기마니가 가장 막내라고 할 수 있다. 기마니는 평범한 아이가 아니다. 발달장애를 겪고 있어서 학습능력이 떨어지는, 약간 부족하긴 하지만 티없이 맑고 밝은 아이다.
기마니의 엄마는 기마니를 낳다 죽었다. 그래서 동네 아주머니들이 돌아가며 아이에게 젖을 먹이다가, 아이가 정상적이지 않다는 것을 알고, 조이홈스에 맡아달라고 부탁하여 오게 된 아이다.
생각도 늦고, 행동도 느리다보니 사고도 많이 친다. 남의 교복을 입고 가거나, 한쪽은 무릎까지 오는 양말, 한쪽은 발목까지 오는 양말을 신고 등교하거나…
조이홈스의 아침은 여기저기서 "기마니!" "기마니!" "오 마이 갓, 기마니!"
온통 기마니를 외치는 소리로 시작된다. 심지어 동갑내기 마틴마저 늘 훈계하는 인상으로 "기마니, 그러면 못써!"할 정도니까. 그러나 그 안에서 기마니를 무시하거나 따돌리는 모습은 전혀 찾아볼 수 없다. 약한 자에게 하나라도 더 챙겨주고자 하는 형들의 마음이 기마니를 바라보는 눈빛에서도 고스란히 나타난다. 우리가 조이홈스에 있는 동안 방학식을 했는데, 저 멀리서 기마니가 헐레벌떡 뛰어와 안티에게 뭔가를 전해준다. 우리나라로 따지면 상반기 성적표다. 33명 중에 33등. 하지만 성적표는 1등으로 가져와 자랑스럽게 내민다.

눈물겨웠던 세수식(?)

그런 기마니 앞에서 왈칵, 눈물을 쏟은 적이 있다. 이틀 동안 열심히 벽화작업을 할 때였다. 일회용 비닐장갑을 껴도 어느새 잔뜩 페인트가 묻어버린 손을 씻기 위해 식당으로 가는 중이었다. 녀석은 내게 한창 훈계하며 따라오고 있었다.

우리가 매번 "기마니, 얼굴 더러우니 씻고 와." "기마니, 손 더러워. 씻고 와." 하며 잔소리를 했더니, 복수할 모양이었다. 유성 페인트여서 물로는 씻어낼 수가 없어 프란시스에게 신나를 조금 얻을 수 있겠느냐고 물었다. 프란시스가 신나를 가지러 간 사이, 기마니는 수돗가에 가지 않고 서 있는 내가 의아했나보다. 계속 알아들을 수 없는 말로 수돗가를 가리켰다. 나는 손짓발짓으로 "기마니, 이건 물로 씻어낼 수가 없어. 프란시스가 신나를 가지고 올 거야."라고 이야기했지만, 끼꾸유 부족어만 아는 기마니는 아마도 이해를 못한 듯했다. 몇 번을 잔소리해대더니 그래도 내가 꿈쩍 않고 있자, 포기한 듯 가버렸다.

몇 분이 지났을까, 낑낑대며 무언가를 내 앞으로 들고 오는 기마니.

그것은 물이 가득 담긴 세숫대야였다. 내가 계속 수돗가를 가서 손을 씻지 않고 있자, 귀찮아서 그런다고 생각한 기마니는 수돗가에서 물을 담아 다시 내게 온 것이다.

나는 왈칵, 눈물이 났다. 내가 너에게 무엇을 해준 게 있다고, 이렇게 사랑을 받는 거니. 말도 통하지 않는 내가 무엇이 예뻐서 이렇게 무턱댄 사랑을 주는 거니. 나는 눈물을 뚝뚝 흘리면서 그리고 한가득 웃음을 지으며 페인트가 잔뜩 묻은 손바닥 대신 손등으로 기마니의 고불고불한 머리를 쓰다듬었다. 고마워. 아싼떼, 기마니~

한국으로 돌아오고, 가끔 소식을 전해주는 선교사님의 편지엔 기마니가 심한 발작을 일으켜 심각할 정도로 위독했다는 소식이 있었다. 기마니에겐 원래 간질이 있었고, 매번 그렇게 정기적으로 피와 거품을 물고 쓰러졌다고 했다. 내가 있는 두 달 동안은 그런 적 없었지만, 온종일 발작하고 겨우 잠든 기마니의 모습을 사진으로 보니, 그때 그 일이 생각나며 또 한번 콧날이 시큰해졌다. 너는 그렇게 더러워진 내 손을 씻겨주려는 행복한 수고를 했는데 나는 너의 아픔을 위해 무엇을 할 수 있을까.

세상은 키 작은 사람을 '루저' 라 부른다 해도,
이토록 행복할 수 있다면
나는 행복을 모르는 세상의 위너가 되기보다
행복한 루저로 살아가는 것이
훨씬 아름답겠단 생각이 들었다.

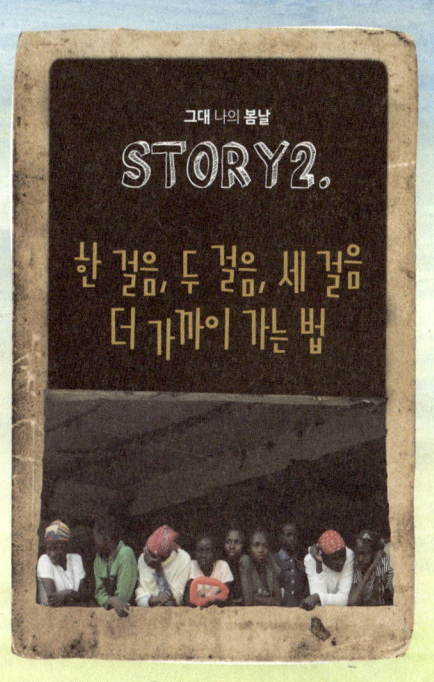

우리의 첫 미술수업

"음악수업은 이제 할 만큼 했으니, 우리 이제 다른 수업을 해야 하지 않을까?"

"시간표를 보니까 미술수업이 전혀 없더라."

"힉, 이번엔 네가 나서야 될 때인 거 같은데?"

힉은 부족한 영어실력 때문에 앞에 나가는 걸 항상 자신 없어 했다. 하지만 우리는 이제껏 유창한 영어실력과 유창한 스와힐리어 실력이 없어도 충분히 잘해 왔음을 상기시키며, 그녀를 위로하고 격려했다. 가져온 알록달록한 스티커와 색종이 그리고 크레파스로 우리가 할 수 있는 일을 생각해보았다.

"가지고 온 색종이에 자신의 꿈을 그려보라고 하고, 그걸 하늘에 날리는 시간을 가지면 어떨까?"

"와, 아주 좋은 생각이야!"

우리는 곧 1학년 아이들 수업에 들어갔다. 난생 처음 보는 크레파스와 사인펜에, 아이들은 모두 상기된 표정이었다.

얇은 색종이를 나눠주며 우리는 짧은 영어로 자신의 꿈을 그려보라고 했다.

"왓 이즈 유얼 드림?"

"독타."

"독타?"

"예스."

"흭, 독타가 뭐야?"

"독타? 모르겠는데."

한참만에야 알았다. 독타는 D.O.C.T.O.R 우리가 '닥터'라고 발음하는 '의사'였다. 케냐는 영국령 아프리카여서, 영어를 곧잘 사용하지만 영국식 발음과 아프리카 언어가 섞여 있어서 나는 처음에 아주 간단한 단어도 알아들을 수가 없었다. 나중에야, 온몸으로 훈련하면서 '쏙스'는 양말 socks 임을, '쏘까'는 축구 soccer 임을 체득하게 되었다.

노란 먼지 운동장을 나는 비행기

아이들은 우리에겐 생소한 영국식 발음으로 '독타 doctor' '쏘까 soccer' 등 자신의 꿈 이야기를 해주었다.

크레파스와 사인펜을 많이 가져오지 못한 게 한스러웠다. 아이들은 분배된 한두 가지 색깔의 크레파스, 그리고 나눠준 스티커로 열심히 자신의 꿈을 그리기 시작했다.

그리기를 마쳤을 때, 우리는 아이들에게 종이비행기 접는 법을 가르쳐주었다. 비행기 접는 법을 몰라 우리 넷은 아이 서른 명을 상대하며 하나하나 비행기를 접어주었다. 그리고 유난히 맑았던 날의 운동장으로 아이들을 모두 데리고 나갔다.

내가 먼저 종이비행기를 날리는 시범을 보여주었다. 똑소리 나게 잘 따라하는 이 아이들은 노란 먼지를 일으키며 온종일 자신의 꿈이 그려진 종이비행기를 날려댔다. 아이들은 무척이나 좋아했고, 우리는 이번 수업도 성공이라며 승리의 미소를 지어보였다.

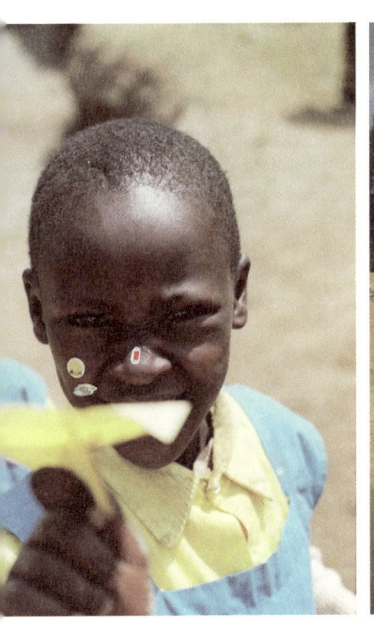

소똥 맛있게 잘 먹었습니다

그대 나의 봄날 STORY2.

"아프리카 음식, 네 입에 정말 안 맞을 거야. 게다가 너무 비위생적이라 음식을 전혀 먹을 수 없을 걸? 그러니 아무리 무거워도 한 사람당 라면 한 상자씩 챙겨 가는 게 좋을 거야. 죽지 않으려면 하루에 한 끼라도 라면으로 때워야 해."

한창 아프리카 여행을 준비하고 있을 때, 이미 다녀온 사람이 내게 해준 말이었다. 그는 아프리카에 있던 3개월 동안 10kg의 살이 빠졌다고 했다. 사실 그 말을 들었을 때 솔직히 좀 기뻤다. 드디어 나도 살을 뺄 수 있겠구나! 부디 아프리카 음식이 내게 맞지 않기를 바라는 마음으로, 나름 귀국할 때까지 감량 5kg이라는 목표마저 세우며 한창 들떠 있었다.

하지만 나, 니콜은 배고프면 돌이라도 씹을 식성을 가진 자가 아니던가! 나에겐 세상의 음식이 딱 두 종류뿐이다. '맛있는 것'과 '진~짜 맛있는 것'

저렴한 나의 입맛은 아프리카에 가서도 그저 빛을 발할 뿐이었다. 남들이 다 비위 상해서 못 먹고 못 눠서 앓아누울 때, 나는 항상 잘 먹고 일어나자마자 왕성한 배변활동을 해서 언제나 부러움의 대상 1호가 되었다.
그래서 이번엔 남들은 잘 못 먹지만 나는 잘 먹었던 아프리카 먹거리를 소개하고자 한다.

아프리칸 밥심의 원천, 우갈리

'우갈리'라는 이것은, 생긴 건 꼭 우리나라 백설기 같다. 그냥 하얀색 떡 덩어리다. 하지만 백설기처럼 찰진 느낌은 전혀 없고, 달콤한 맛도 나지 않는다. 아무 맛도 나지 않는 퍼석퍼석한 옥수수가루 뭉치라고 생각하면 된다. 아프리카인들의 주식이기도 하다. 옥수수가루를 물에 풀어 약한 불로 오래 찌면 완성되는 요리다. 사실 풀 쑤듯이 옆에서 계속 휘저어주면 끈기가 생겨 좀 더 찰지고 쫄깃쫄깃한 맛을 느낄 수 있을 텐데, 아프리카인들은 그런 것을 귀찮아하는 편이다. 시골에서 농사 외에 아무것도 할 수 없는 사람들에게 이 음식은 아주 귀한 것이다. 오랜 가뭄으로 이번에도 옥수수 농사를 망친 이들은 NGO 같은 구호단체에서 주는 옥수수 알갱이를 배급받아 하루에 한 끼 정도 이 우갈리를 해먹고, 나머지 끼니는 굶기 일쑤였다.

맛이 전혀 느껴지지 않는 음식이라, 양배추 같은 채소를 절인 음식이 곁들여진다. 양념육수를 많이 부어 국으로도 먹을 수 있고, 건더기만 건져 우갈리 위에 얹어 먹는 반찬으로도 이용된다.

일단 우갈리는 손으로 먹어야 제 맛이다.

우갈리 한쪽을 크게 뜨고 그 위에 절인 양배추를 손가락으로 집어 올린다. 그런 다음 골고루 양념이 배도록 손으로 조물조물 만져 한 입에 쏙 넣는다. 사실 향이 역하지도, 난생 처음 먹어보는 맛도 아닌데 이 음식을 꺼리는 이유는 단지 손으로 먹어서 매우 비위생적으로 보인다는 것이다.

이상하게도 우갈리를 주식으로 먹는 아프리카인들은 하나같이 날씬하다. 물론 체형적인 차이가 있겠지만, 아프리카인들이 팔다리가 길고 매끈한 피부를 가진 이유는, 주식이 옥수수 때문이라는 설이 있다.

아프리카식 길거리 호떡, 만다지

여러 나라를 여행하면서 느낀 점 중에 하나가, 전 세계적으로 통하는 먹거리가 있다는 것이다. 전 세계가 공통적으로 있는 음식, 그것은 바로 길거리 음식이다. 아프리카에서도 기름에 튀긴 고소한 도넛 등의 길거리 음식이 매우 발달해 있다. 그중에 가장 인기가 좋은 만다지는 우리나라 호떡 같은 음식이다.

우리나라처럼 질 좋은 밀가루에 고급 시럽이나 꿀이 들어가진 않는다. 그냥 밀가루를 반죽해 아무것도 넣지 않고 기름에 튀긴 것이다. 가끔 우리나라 사람이 만들 때야 위에 설탕이라도 뿌리지, 이들은 아무 맛도 나지 않는 튀긴 밀가루 덩어리를 잘도 먹는다.

앞서 조이홈스 10주년 행사가 끝나고 여유로운 오후에 만다지 파티를 열었던 이야기를 했는데, 한국에서 만약 이 음식을 먹었다면 퉤퉤 하고 뱉어버렸을지도 모르겠지만, 나 역시 군것질거리가 흔하지 않은 아프리카에서는 밀가루 맛밖에 나지 않는 과자가 그렇게도 입에 착착 달라붙었다.

살아 숨 쉬는 아프리카 소막창

아프리카에도 곱창이나 막창 같은 내장을 불에 구워 파는 식당이 있다. 고기에 환장하는 우리는 그곳을 찾아 마이마히유 시장을 헤맸다. 아주 작은 간이식당에서 정말로 소막창을 숯불에 굽고 있었다.

숯불에 구운 막창을 총총 썰어서 도마 째로 우리에게 주면 우리는 그것을 손으로 집어 후후 불어 먹었다. 한창 맛있게 먹고 있는데, 휙이 한마디했다.

"윽. 너무 더러워. 막창을 제대로 씻지 않았어. 다 똥으로 가득 찼다고. 이거 다 소똥이야."

누가 더 많이 먹을까봐, 입에 한가득 넣고 우물거리고 있는 내게, 휙은 계속 똥을 외쳐댔다. 곧 다른 사람들도 하나둘 더 이상 먹지 않겠다고 했지만, 돈 주고 산 아까운 소막창을 남길 수 없어서 나는 내내 똥을 외쳐대는 힉 옆에서 꾸역꾸역 다 해치웠다. 그 뒤로 아프리카 거리를 지나다가 소똥이 보이면 나는 웃으면서 주위 사람들에게 말했다.

"나, 얼마 전에 저거 되게 많이 먹었어."

돌도 씹어 먹을 나의 식성은 결국 소똥마저 맛있게 잘도 먹은 것이다. 그런 내가 어찌 -5kg 목표를 이룰 수 있었겠는가. 아프리카 있는 동안 나의 몸무게는 난생 처음 보는 숫자를 기록하며 신기록을 달성했다.
한국에 돌아와서도, 가끔 그 음식들이 생각난다. 니맛도 내맛도 없는 우갈리와 만다지 그리고 소똥으로 가득했던 막창… 추억이 깃들어 더 달콤했을지도 모를 아프리카에서의 먹거리들이다.

아니, 루저가 이렇게 행복해도 돼?

그대 나의 봄날 STORY2.

내 이름은 완소녀

나는 완소녀이다. **완전 소형 여자**. 우리나라를 한창 시끄럽게 했던 단어, 루저 중에서도 '캐루저'라고 할 수 있다. 지프차나 4륜구동 같은 좀 덩치가 큰 차를 타게 되면 사람들이 "니콜, 너는 차를 타는 게 아니라, 집에 들어가는 것 같아"라고 말할 정도니까.

그렇다고 '작은 키'로 인해 인생에서 큰 실패감을 맛본 기억은 별로 없다. 사람보다 마네킹 길이에 맞춰 나온 옷을 구입하지 못하는 슬픔이 가끔 찾아오긴 하지만 그것도 비싼 옷을 지를 마음을 절제하는 데 도움을 주기 때문에 나쁘지 않다. 소개팅이나 취업면접에서 '키'가 합격을 좌지우지한다는 소리를 듣는다. 하지만 다행히 이렇게 작은 나도 아직까지 겪어본 적 없는 일이다.

글쎄, 온전히 '키' 때문에 탈락된다고? 그렇다면 정말 감사한 일 아닌가. 키가 삶에서 가장 큰 목표이자 꿈인, 머리 빈 소개팅남이나 상사와 함께하지 않아도 된다는 말이니까. 부득이하게 신체조건이 우선시될 수밖에 없는 직업들이 있는 건 안다. 그건 그냥 꿈꾸지 않으면 된다. 그것 말고도 세상엔 하고 싶은 일이 널려 있다.

걱정과 좌절로 자신의 키를 1cm라도 키울 수 없다면, 작은 키를 활용할 수 있는 긍정적 요소를 찾는 것이 삶을 더 윤택하게 만들 수 있지 않을까?

그 방식의 장난을 사랑해

"와꾸헤 waguhe, '꼬맹이'라는 뜻의 아프리카 끼꾸유 부족어!"

언젠가부터 조이홈스 아이들은 나를 이렇게 불렀다. 처음엔 나쁜 의미인가 해서 아이들을 추궁해 물으니 "short girl"이라는 뜻이라고 결국 자백했다. 안티는 괜히 내가 상처받을까봐 그렇게 부를 때마다 아이들을 꾸중했지만, 난 사실 그 별명이 맘에 들었다. 그냥 의역을 하면 '꼬맹이'란 뜻일 수도 있으니깐. 와꾸헤라고 부를 때마다 주위 아이들의 입가에 미소가 번졌기 때문이다. 그렇게 부르고 도망가는 아이들 뒤꽁무니를 쫓아가는 재미도 있었다. 조이홈스에 있는 동안 여러 차례 한국 사람이 다녀갔는데, 그때마다 사람들은 '와꾸헤'의 의미를 물었다. 그러면 주위에 있던 아이들이 이렇게 말해서 한바탕 웃기도 했다. 나보다 팔다리가 1.5배 정도 더 길면서 나이는 내 반토막밖에 되지 않는 아이들이 나를 얼마나 재미난 인물로 봤을지는, 한국에 돌아와서 생각해도 몇 번씩 나를 웃음 짓게 했다.

결국 마지막엔 꾸중하던 안티까지 모두 나를 와꾸헤라 불렀지만, 나는 싫지 않았다. 말도 통하지 않고 얼굴색도 다른 이곳에서도 나의 작은 키가 사람들과 소통을 원활하게 해주는 도구로 쓰였다는 것이 되레 행복했다. 그리고 이곳의 모든 사람도 그저 와꾸헤는 나를 부를 친근한 또 다른 이름이었지, 뒤엣말은 늘상 나를 존중해주고, 사랑해주는 것들 투성이었고, 나는 충분히 이해하고 수용하고 만끽했다.

루저는 행복합니다

아프리카뿐만 아니라 나의 키는 배낭여행을 다니는 곳곳에서 빛을 발했다.
우선 내 체구에 큰 여행가방은 재앙이다. 나도 힘들지만 그걸 메고 다니는 나를 지켜보는 사람도 굉장히 힘들어하기 때문이다.
남들이 수십 리터에 달하는 배낭을 짊어질 때, 나는 일반 책가방을 메고 두 달을 다녔다. 그런데도 신기한 건 동행자 중에 가장 가벼운 배낭을 가진 내가 도움을 받는 것이다. 기내에서도 승무원 외에 일반 승객이 내 짐을 들어 넣어줬고, 지극히 개인주의적인 서양 사람들에게도 언제나 나의 짐이 우선이었다.
동행자의 가방이 내 것보다 족히 두 배는 무거웠음에도 "도와줄까요?" 하며 사람들은 내게 먼저 손 내밀었다. 슈퍼마켓을 찾아 먼 길을 걷고 있을 때 경찰차가 와서 태워준다던가 길 잃은 미아라고 생각했을 수도 멋진 길거리 공연에 비록 늦게 도착하더라도 키 작은 내게 맨 앞자리를 양보해준다던가, 그런 일들이 내게 숱했다. 그러면서 나는 수많은 여행객과 한 번 더 기분 좋은 인사를 나눌 수 있는 기회를 갖게 되었고, 더 친근한 성격으로 변모했다.

그래서일까? 키 때문에 복잡한 버스에서 숨을 좀 쉴 수 없다거나 바지를 많이 잘라야 하는 정도는 기꺼이 참고 살아갈 수 있게 되었다.

세상은 키 작은 사람을 '루저'라 부른다 해도, 이토록 행복할 수 있다면 나는 행복을 모르는 세상의 위너가 되기보다, 행복한 루저로 살아가는 것이 훨씬 아름답단 생각이 들었다. 그래서 나는 행복하고 자발적인 루저가 되기로 매일 아침 결심한다.

내 생애 최고의 음악

그대 나의 봄날 STORY 2.

황안나 할머니가 받은 선물

《사과나무》에서 기자로 근무할 때의 일이다. 우리나라를 걸어서 여행하고 있는 황안나 할머니를 취재한 적이 있다. 교편을 내려놓고 퇴직 후 지금까지 나라 곳곳을 걸어 순례하고 있던 그녀와의 인터뷰는 네 시간 동안 단 하나의 질문 없이, 그녀의 이야기로 시작되고 끝이 났다. 할머니의 옛날이야기 듣듯, 나는 그 시간 동안 물 한 잔 마시지 않고 이야기에 쏙 빨려 들어갔다가 끝내 눈물을 터뜨렸던 기억이 난다.

그녀의 이야기 중에 아직도 아름답게 기억하고 있는 사건이 있다.

"110일간의 해안도로를 걸을 때 일인가 봐요. 이런 일도 있었어요. 긴 터널을 지나는 동안 너무 힘들어서 쓰러질 것 같았는데, 터널을 빠져나오는 동시에 색소폰 소리가 들리지 않겠어요? 아파트에서 시끄럽다고 연습을 못하게 해 길에서 색소폰을 불고 있는 중년 남자였죠. 한 곡 더 연주해줄 수 있냐고 했더니 신청곡을 묻더라고요. 'Danny boy'를 연주해달라고 했어요. 나만을 위한 연주곡, 들어봤어요? 바람결에 이어졌다 끊어졌다 하는 그 소리를 들으며 다시 걸었어요. 평생 잊을 수 없는 응원이 되었죠."

내가 받은 최고의 선물

매일 아침 아이들의 왁자지껄한 소리에 낡은 2층 침대에서 깨어났다. 그때도 늘 실감했지만 지금도 역시 그때를 기억하면, 나는 언제나 자신 있게 이야기할 수 있다. 학교 문이 열리기를 바라며 삼삼오오 모여 떠드는 아이들의 소리는 내 생애 최고의 음악이었노라고.

나는 배낭을 챙기며 혹시나 필요할까 싶어, 취미삼아 배웠던 플루트를 들고 갔었다. 하지만 사실 이 나라에는 좀 어울리지 않는 악기였다. 이곳은 타악기와 목소리만 있으면 최고의 음악을 들을 수 있다. 한국 사람들은 죽어라 연습해야만 할 수 있는 화음을, 이곳 사람들은 본능적으로 넣을 수 있다.

누군가 한 사람이 선창을 하면 다른 사람들은 마치 기다렸다는 듯 알토, 메조소프라노, 테너로 같이 노래를 부르기 시작한다. 그럴 때마다 나는 온몸에 소름이 돋았다. 악보 하나 볼 줄 모르는 사람들이, 노래가 나오면 자연스럽게 화음을 넣으며 노래한다는 것이 정말이지 신기했다. 결국 나는 가져갔던 플루트를 동네에 나를 구경하러 온 아이에게 쥐어주며 억지로 사진 모델을 시키는 도구로밖에 사용할 수 없었다. 이곳에 이렇게 반짝이는 철제 악기는 어쩐지 어울리지 않는다는 생각이 들었다.

간혹 짤랑짤랑 방울 소리를 내며 소떼들이 지나갈 때, 바람이 나뭇잎을 훑고 지나갈 때, 저 멀리 보이는 초등학교의 쉬는 시간, 아이들이 우루루 몰려나와 재잘재잘 떠드는 소리 등에 몇 번을 울컥해서 눈물을 흘렸는지 모르겠다.

마른 잎사귀가 바람에 흔들리면서 내던 그 소리. 여유롭고 시간이 멈춰 있는 곳에서만 들을 수 있는 수만 가지의 소리에 귀 기울일 때, 나는 세상에 감사할 수밖에 없었다. 그리고 내가 온종일 조이홈스 2층 테라스에서 넋 놓고 그런 소리만 듣고 있어도 그 누구도 핀잔주지 않았다. 한국에 있을 때의 10분, 1분, 30초가 아까워서 간과했던 소리들, 그것들이 내 인생 최고의 음악이 될 줄 몰랐다. 오늘이 무슨 요일인지, 며칠인지조차 알 수 없다. 그래서 행복했다. 현재를 그저 살아가는 사람들. 내일을 걱정하지 않는 사람들과 함께여서 행복했다.

공짜로 들을 수 있는 오케스트라 공연

한국에 돌아와 또 한국에 적응하며 사느라 아프리카를 잊어갈 무렵이었던 것 같다. 우연찮게 지인의 소개로, 그 옛날 황안나 할머니를 떠올리게 하는 아주 좋은 분을 알게 되어, 전남 강진으로 여행 갔을 때 그녀의 집에서 하룻밤을 묵게 되었다.

그날 저녁, 가로등 없이, 가로등이 없음에도 매우 환했던 보름달빛 아래 그분과 함께 바다같이 크고 드넓었던 들판을 오래도록 걸으며 도란도란 이야기를 나누었는데, 그녀가 말했다.

"이곳 대숲에서 내는 바람소리 들어봤어요? 여기가 바다가 아닐까 착각할 정도로 정말 아름다운 소리예요. 아침저녁으로 우리집에 놀러오는 새들의 소리는 어떻고요. 매일 두 번씩 집으로 직접 찾아오는 작은 오케스트라 같아요."
잊고 있었던 아프리카가 떠올랐다.
그때 그 재잘대던 아이들의 소리, 바람이 훑고 지나갈 때 아무런 걸림돌이 없던 들판에서 나던 소리…
그래, 그들은 내게 오케스트라였구나.

카렌의 집에서 편지를 쓰다

그대 나의 봄날 STORY2.

조이홈스 아이들의 아버지는 항상 우리에게 미안해했다. 시간이 지날수록, 아이들과 정이 들수록 우리는 가고자 했던 곳을 자꾸 포기했기 때문이다. 킬리만자로도, 세렝게티도 포기함으로써, 우리의 여행 일정은 조금씩 수정되고 있었다. 누가 강요한 것도 아니었다. 그냥 우리 넷의 마음이 조이홈스 아이들과 조금 더 시간을 보내는 것이 사파리 투어보다 더 소중하다고, 암묵적으로 합의 봤기 때문이다.

조이홈스의 아버지는 우리에게 당일치기 여행을 제안했다.

"나이로비 근교에 카렌의 집이 있어요."
"카렌의 집?"
"혹시, 영화 〈아웃 오브 아프리카〉 봤어요?"

"어머! 그걸 케냐에서 찍은 거예요?"
〈아웃 오브 아프리카〉는 내게 특별한 영화다.
영화 이야기를 하기 전에, 조금 시간을 거슬러 이제는 옛이야기가 된 추억을 살짝 열어볼까 한다.

들리니? 샴페인 터뜨리는 소리

대학교를 졸업하고, 첫 배낭여행을 한 뒤 나는 꿈과 비전을 위해 애쓰기보단 당장의 생계를 위해 돈을 벌어야 하는 상황이었다. 그래서 졸업하자마자 대구에서 초등학생들을 대상으로 한 온라인교육회사에 취직을 해 국어 문제를 개발했다. 문항개발자라고 해야 하나? 말이 개발이지, 더 많은 문제를 보유해야 하는 직업이었기에, 각종 문제집에서 같은 문제를 보기만 바꿔 계속적으로 문제를 만들어야 하는 별로 창의적이진 않은 직업이었다. 하지만 매달 적지만 월급이 꼬박꼬박 나오는 정규직이었고, 나는 싫어도 그 회사를 놓지 못하는 용기없고 평범한 사회초년생이었다.

재미있고 좋아하는 일과는 점점 거리가 멀어져 바쁘지만 공허한 삶을 살고 있을 때, 서울에 가 있던 친구 그때 인연이 되어 지금도 함께 살고 있는에게서 연락이 왔다. 일하고 있는 잡지사에 선배 하나가 출산휴가를 가게 되어서 두 달 정도 아르바이트할 사람을 찾는다는 것이었다. 두 달 아르바이트를 하기 위해 정규직을 그만두고 서울로 간다? 사실 말이 안 되는 이야기지만, 그날 내 마음에서 퐁! 하고 샴페인 터뜨리는 소리가 났다.

마음 먹고 부모님께는 서울에 취직이 됐다고 뻥을 쳤다. 그리고 두 달 동안 아르바이트를 하면서 취직자리를 알아보겠다는 일념 하나로, 한 손에는 노트북을, 한 손에는 고미숙의 『열하일기, 웃음과 역설의 유쾌한 시공간』을 들고 무작정 상경했다. 이 책은 고향에서 열심히 일하다 갑자기 모든 것을 때려치고 일본으로 날아간 동네 오빠가 내게 던져주고 간 것이었다. 어찌나 재미있고 유쾌한지 읽다보면 당장이라도 모든 걸 때려치고 여행하고 싶은 생각이 든다. 지금 바로 이때, 이 책은 고향땅에 미련 생기게 하는 모든 것들을 훌훌 털어버릴 수 있도록 만들어주는 책이라 손에서 놓을 수가 없었다.

그렇게 보증금 100만원 월 30만 원의 좁은 하숙집 내 방엔 노트북밖에 없어서 공간활용이 매우 좋긴 했지만 에서 서울 생활을 시작했다.

두 달 동안 바쁘게 취재하고 글 쓰느라 다른 일자리를 구할 여력이 없었다. 《사과나무》의 일은 수많은 비슷한 문제만을 파생시키던 내게 아주 창의적이고 재미있는 일이었다. 아니 '일'이 아니라 '놀이'였다. 그리고 약속한 두 달이 거의 끝나갈 때쯤 출산휴가를 갔던 선배가 한 달만 더 일해달라는 부탁을 했고, 또 그 약속한 한 달이 끝나갈 때쯤 함께 일하던 동료가 캐나다로 어학연수를 가는 바람에 나는 그곳에 정규직으로 머물게 되었다.

그렇게 아르바이트 동안 잠시 머물던 하숙방에서 벗어나 나는 서울에 터전을 마련하기로 했다. 당시 나는 서울에 집을 구할 돈이 없어서 1년 가까이 경기도 광명에 있는 낡은 직장인 여성 복지 아파트에서 지냈다.

난생 처음 본 사람과 함께 한 방을 써야 하는 아파트였다. 한동안 그 스트레스가 엄청났다. 룸메이트의 성격이 이상해서가 아니라, 혼자만의 공간이 없다는 것이 나를 무척이나 괴롭혔다.

어느 날, 룸메이트가 고향에 내려가고 이틀 정도 혼자인 시간을 갖게 되었다. 나는 그날 반나절 동안은 이불빨래와 대청소를 하고, 나머지 반나절은 묵은 때를 벗기러 목욕탕에 갔다가 피존 향이 가득한 방안에서 불을 끈 채 노트북을 켜 놓고 이 영화, 〈아웃 오브 아프리카〉를 보았다.

그간의 스트레스와 오랜만에 만끽하는 철저하게 혼자인 시간과 영화 속 메릴 스트립이 오버랩되어 나는 한참을 울었다.

그녀가 머물렀던 집으로

카렌은 외로운 여자였다.

아프리카 끼꾸유 부족을 품을 만큼 그릇이 큰 여자였지만, 억척스럽게 모든 일을 혼자서 꾸려나가면서 단 하나 간절하게 바랐던 것은 의지처였다. 아이를 갖고 싶어했고, 한 남자의 사랑받는 아내가 되고 싶어했다. 아프리카에서 사자도 호랑이도 무서워하지 않고, 모두가 동경하는 삶을 살아도 그 소소한 것이 끝내 이루어지지 않아 그렇게 외로움을 견디며 사는 여자였다. 어쩐지 그 모습이 나와 비슷하다고 생각되어 나는 그렇게 눈물을 흘렸던 것 같다.

그렇게 나를 펑펑 울게 만들었던 영화 〈아웃 오브 아프리카〉의 카렌, 카렌의 생가가 내가 지금 발 딛고 서 있는 곳에서 그리 멀지 않다니! 나는 당장 가자고 소리를 질렀다. 시커먼 매연으로 뒤덮인 나이로비 중심가를 지나고 나니, 내 머릿

속에 들어 있는 아프리카와는 사뭇 다른 느낌의 마을이 나왔다. 아주 조용하고 평온한 느낌이었다. 평화롭고 드넓은 잔디밭에 소박한 집 한 채, 그것이 전부인 관광지였다. 세렝게티와 킬리만자로 같은 관광지에 비하면 정말 아무것도 아닌 곳이었지만, 나는 이곳에서 눈물이 날 것만 같았다. 카렌이 한때 사랑했던 남자가 카렌의 머리를 감겨주던 곳도 새록새록 생각이 났다.

나는 그곳 잔디밭에 앉아 나를 서울로 오게 했던, 고마운 친구에게 편지를 썼다. 그녀 역시 〈아웃 오브 아프리카〉를 사랑하는 친구였다. 카렌의 집에 발 딛고 서 있는 것 자체가 벅찬 하루였다.

아프리카에서 돌아와 나는 영화 대신 책으로 나왔던 『아웃 오브 아프리카』를 다시 접했다. 작가인 아이작 디네센의 자전적 소설이라고도 할 수 있는 이 책은 영화에서 봤던 것처럼 메릴 스트립과 로버트 레드포드의 근사한 로맨스는 전혀 없었다. 대신 주인공이 노동력을 착취당하는 아프리카 노예들을 위해 어떤 일들을 했는지, 특히 아프리카 부족 사이의 갈등을 해소하기 위해 어떤 노력을 했는지를 알려주는 책이었다. 실제로 내가 있는 동안 정치적인 문제로 끼꾸유 부족과 마사이 부족 사이의 갈등이 심했고, 심지어 대선기간 서로의 투표율을 낮추기 위해 무자비하게 죽고 죽이는 사태가 벌어졌던 기억이 난다.

카렌의 외로움에서 출발했던 〈아웃 오브 아프리카〉는 내가 아프리카를 더욱 깊이 이해하는 데 큰 도움을 주었다. 가끔 그곳이 그리울 때면, 옆방에 아직도 살고 있는 친구에게 보냈던 엽서를 도로 빌려다 읽곤 한다.

예상을 빗나갔던 마술쇼
그대 나의 봄날 STORY 2.

조이홈스에 마술사가 오다

서울에서 작은 교회를 섬기고 있는 한 총각 전도사가 지인의 소개로 조이홈스를 들르게 되었다. 우리는 무척 좋아했다. 여러 가지 음악수업과 미술수업을 했지만, 마술만큼 재미있는 수업이 또 있을까 싶었기 때문이다.

한국 아이들에게 '마술'은 최고 인기 종목 중 하나다. 한국에서 아이들과 함께 여러 놀이를 즐겨 봐도 마술만큼 집중력이 최고였던 프로그램은 없었던 것 같다. 그런 의미에서 마술사는 마이마히유 아이들 수백 명에게 최고의 선물임에 틀림없었다.

마술을 보여준다는 소문은 삽시간에 퍼져, 강당으로 사용하고 있는 뷰티풀게이트 교회의 예배당이 한번에 꽉 찼다.

마술사는 처음에 가벼운 마술 — 이쪽 손에서 공을 들고 있다가 사라지고 뒤통 수 뒤에서 다시 공을 가져오는 등의 마술부터 시작했다.

우리는 리액션을 맡아 환호성을 질렀다. 하지만 구경하는 아이들의 눈빛에선 즐거움을 찾을 수가 없었고, 어떤 환호성도 없이 조용했다.

"너무 약한가?"

"반응이 영 신통치 않은데?"

뭐랄까, 아이들은 지금 뭘 하는지 모르고 있는 것 같았다.

마술사도 느낀 모양이다. 그래서 점차 강도가 센 마술을 보여주기 시작했다.

잡고 있던 손수건에서 불길을 뿜어내더니 지팡이를 만들어냈다.

역시 "와~" 하며 박수를 치는 건 우리뿐.

마법사 모자에서 하얀 새를 꺼내 보여주었다.

역시 박수를 치는 건 우리뿐.

별 반응이 없었다. 아니, 아이들의 얼굴이 오히려 일그러진다는 느낌을 받았다.

마술사는 마지막 카드이자, 야심작인 책상을 공중에 들어올리는 묘기를 보여주었다. 책상은 우리도 무척 놀랄 정도로 천장 가까이 높이 올라가 마구 춤을 추기 시작했다. 이 정도면 아이들이 감탄하지 않을까 싶어서 의기양양하게 아이들을 돌아보았다.

그런데 한 아이가 오줌을 질질 싸고 있었다.

내내 얼굴을 찡그리고 있던 다른 아이는 급기야 울음을 터뜨렸다.

우리는 그제서야 이 모든 상황을 알아차렸다.

아프리카인들에게 마술은 쇼가 아니라 이상한 저주 같은 것이었다. 재미있는 것이 아니라 무서운 것이었다.
단 한번도 마술쇼를 보지 않고 자란 아이들에겐, 모자에서 새가 나오는 것이, 뭔가가 사라지는 것이, 불길이 치솟는 것이 그리고 책상이 날아다니는 것이… 모든 것이 공포였다는 것을 이제야 알게 되었다.

그렇게 기대했던 마술쇼는 실패작으로 끝이 났다.
아이들은 한동안 마술쇼 전도사만 보면 울음을 터뜨리며 도망갔고, 그는 아이들과 친해지기 위해 엄청난 노력을 기울여야 했다.
한국의 영악한 아이들에겐 마술사가, 개그맨이나 약간의 사기꾼 같은 재미있는 이미지인데, 아프리카 아이들에겐 정말 말 그대로 마법사였음을, 소소하지만 큰 문화의 차이를 깨닫는 순간이었다.

나를 환장하게 했던 말, 하쿠나마타타

그대 나의 봄날 STORY3.

내가 주로 다녔던 여행지는 사람들이 말하는 '고생'을 감수해야 하는 나라들이었다. 이상하게 그런 나라들에 마음이 끌렸다. 유럽이나 미국 같은 선진국이라 불리는 나라는 왠지 나이가 많이 들어서도 편하게 여행할 수 있다는 생각에 지도를 펼치면 항상 캄보디아, 페루, 볼리비아, 케냐, 탄자니아 이런 나라들이 먼저 눈에 들어왔다.

흔히들 생각하는 가난한 나라, 고생스런 나라 물론 전부를 가보진 않았지만, 여러 의견을 통합해본 결과 사람들이 어김없이 그리고 공통적으로 하는 말이 있다. 그것은 바로 'No problem'과 'Don't worry'이다.
온통 불편함투성이인 나라에서 틈만 나면 그 나라 사람 입에서 튀어나오는 '문제 없어' '걱정 마' 라는 말에 처음엔 적응이 안 되어서 화도 많이 났었다.

112 그대 나의 봄날

혹시 '문제없어'라는 말이 '안녕'이라는 의미가 아닐까

그렇다. 가끔 그런 생각이 들었다. 왜냐하면 이 사람들은 '문제 없다'는 말을 참 생뚱맞은 상황에서 썼기 때문이다.

우리나라는 '문제 없다' '걱정 마'라는 말을 상대방을 위로하거나 격려할 때 주로 쓴다. 누군가가 실수하거나 큰 걱정거리가 있을 때, 그러니까 주체는 상대방의 문제다.

그런데 이 사람들은 '자기'가 잘못해놓고 '자기'가 '문제 없다'고 말한다. 기차가 연착이 되어도, 밥이 늦게 나와도, 물을 내게 엎질러도 언제나 '문제 없다'고 이야기한다. 예를 들면 이런 거다. 긴 버스여행 중에 화장실을 들르기 위해 잠깐씩 휴게소에 선다. 우리나라 같으면 '15분'이라는 시간약속을 칼같이 지킨다. 여긴 예정 시간약속도 없다. 성질 급한 우리나라 사람들은 총알같이 화장실을 갔다가 버스에 앉는다. 그런데 한 시간이 지나고 두 시간이 지나도 버스는 움직일 생각을 안한다. 참고 참고 또 참다가 화를 낸다. 그러면 돌아오는 말이 이거다. "노 프라블럼! 버스 운전기사가 이 동네에 친구가 있어서 친구 좀 만나고 온대."

우리나라에서 있을 수 없는 크나큰 문제가 이곳에서는 하나도 문제되지 않는 것이다. 여기서 중요한 것은, 그런 상황에서 아무도, 아무도 화를 내지 않는다는 거다. 아무도 화를 내지 않는데 혼자 열받고 항의하는 사람은, 언제나 한국 사람뿐이다.

케냐에 있을 때, 동행했던 조획이 말라리아 증세를 보여서, 신종플루 체크도 할 겸 병원에 간 적이 있었다. 피를 뽑기 위해 여섯 시간을 기다렸다. 역시 그때도 묵묵히 아무렇지도 않게 모두 그냥 마냥 기다리고 있는데, 답답해 속이 터진 우리만 번갈아가며 "피만 뽑으면 되는데 대체 언제까지 기다려야 하냐"고 항의했다. 돌아오는 답은 "노 프라블럼, 기다려"였고 결국 순서대로 순리대로 천천히 깜깜한 밤이 되어서야 피를 뽑을 수 있었다.

에브리데이, 에브리바디, 하쿠나마타타

'하쿠나마타타'는 스와힐리어로 문제 없다는 뜻이다. 아마도 이 사람들이 '잠보_{안녕}' 다음으로 많이 쓰는 말일 것이다. 이런 문화에 적응하는 건 사실 쉽지 않았다. 1분 1초를 다퉈야 하는 서울에서 살다가, 뭘 해도 기본 몇 시간을 그냥 흘려보내야 하는 게 처음엔 무척이나 힘들었다. 하지만 화를 내도 변하는 건 없다는 걸 마음으로 받아들이고부터는 그렇게 '분명 문제가 있지만 문제없는 것'들에 대해 천천히 익숙해지기 시작했다. 어떨 땐 이 사람들이 너무 쿨하게 느껴지기도 했다.

조이홈스 고아원은 시골에 있었기 때문에 가끔 케냐 나이로비까지 물건을 사러 가야 할 때가 있었다. 몇 가지 물건을 사오는 심부름을 맡게 되어, 나와 현지인 두 명은 원장님의 차를 빌려 나이로비로 갔다.

심부름은 이런 것들이었다. 약국 가서 모리슨 여드름 치료제 사기, 현지인 시장 가서 양파와 감자 사기, 만다지 가루 사기, 우편물 가져오기 등.

그중에 가장 먼저 할 일은 약국에 가서 조이홈스 고아원생인 모리슨의 여드름 치료제를 사는 것이었다. 굉장히 쉬운 일이라고 생각했다. 처음엔.

같이 갔던 마하나는 약국에 들어서자 주머니에서 하얀 약통을 꺼냈다. 견본으로 가져온 모양인데, 헉! 이럴 수가, 약통엔 아무것도 적혀져 있지 않았다. 오로지 한국말로 '모리슨 약'뿐! 더구나 빈통이었다. 마하나는 약사에게 뭔가 열심히 설명했다. 나는 마하나를 쿡쿡 찌르며 "그냥 약 이름을 대면 되잖아"라고 말했다. 그때, 나를 시키먼 미궁 속으로 빠뜨린 한 마디가 마하나에게서 나왔다.

"약 이름을 까먹었어."

두 시간이면 끝날 거라고 믿었던 심부름은, 첫번째 미션도 해내기 전에 두 시간이 훌쩍 넘었다. 약국만 다섯 군데를 넘게 찾아다녔다. 그러면 뭘 하나. 빈 약통으론 아무것도 할 수 없는데. 그런데도 이 현지인 친구는 입버릇처럼 '노 프라블름'을 외치며 약국을 찾아다녔다. 난 도저히 참을 수 없어서 안티에게 전화를 걸어, 약을 찾을 방도가 없다고 말했다. 안티는 "그럼 그 심부름은 패스해"라고 말했다.

"마하나, 모리슨 약은 그냥 패스하래."

그랬더니, 마하나는 금방 고개를 끄덕이며 "싸와 OK" 하더니 돌아선다.

나는 갑자기 화가 났다. 지금 세 시간째 이러고 있었는데 반응이 고작 "오케이"라니? 나는 마하나를 길거리에 세우고는 "뭐? 싸와? 우리가 여기서 세 시간을 낭비했는데, 넌 화도 안 나냐?" 했더니…

마하나는 깜짝 놀라며 말했다.

"누가? 누가 화가 났어? 누가 화를 내야 되지? 왜?"

아주 가끔은 나도 그렇게 '쿨하게' 살고 싶다

아프리카에서 돌아온 지 얼마 되지 않았을 때의 일이다. 퇴근길 만원버스, 아직도 녹지 않은 눈길에 또 교통체증에 버스가 많이 지체된 모양이다. 오래 기다린 아주머니 한 분이 버스에 타자마자 다짜고짜 화를 내기 시작했다. 30분을 넘게 기다렸다고. 사실 이 추운 날 30분을 밖에서 떠는 게 힘들고 어려운 일인 걸 알지만 그게 사실 또 기사의 잘못도 아니다. 그러나 그 신경질은 운전기사의 화를 불러일으켰다. 두 사람의 싸움은 한동안 계속 되었는데, 나는 읽던 책을 내려놓고 아프리카를 생각했다.

사실 서울에서 통하지 않는 공식이지만, 아주 가끔씩은 쿨해 보이는 그들의 생활방식을 닮고 싶단 생각이 든다.

그곳에는 지금 또 어떤 시간이 흐르고 있을까.

또 어떤 사람에게 '하쿠나마타타'를 외치고 있을까.

결승전은 언제 하나요?

그대 나의 봄날 STORY2.

조이홈스 10주년을 축하하러 온 한국팀은 또 하나의 행사로 '마을 체육대회'를 준비해왔다. 우리는 한국팀에 도움이 될 수 있는 것이면 무엇이든 돕겠다고 하면서 함께할 수 있는 것을 구상했다.

"체육대회 때 몰려올 아이들을 위한 일들을 준비해볼게요."
"한국에서 풍선을 준비해왔어요. 그걸로 강아지나 칼을 만들어줄 수 있어요."
"페이스페인팅 물감과 매니큐어도 가지고 왔어요. 아, 비눗방울도 조금 가지고 왔어요."
"오, 그럼 우리는 어른들을 위한 게임을 준비해볼게요."

비록 한국에서 온 사람들과는 처음 만난 어색한 사이였지만, '조이홈스를 위한 일'이라는 같은 마음으로 함께한다는 것은 참 행복한 일이었다.

이른 아침부터 조이비전스쿨 운동장에서는 행사 준비가 한창이었다. 고아원 아이들이 천막을 치고, 한국팀은 줄넘기나 돼지 몰기, 계주, 축구 등의 어른들을 위한 체육대회 준비를, 그리고 우리는 아이들을 위한 좌판을 깔기 시작했다.

아침부터 부산스러움에, 행사 시간보다 훨씬 더 일찍 찾아온 아이들은 또 우리 곁으로 몰려들기 시작했다. 준비를 채 마치기도 전에 우리는 아이들을 줄 세워야 했다. 아직 줄 서고, 차례를 지키며 순서를 정하는 것에 익숙하지 못한 아이들에게 먼저 온 사람에게 우선권이 주어진다는 것부터 가르치기 시작했다.

"너는 이 친구 뒤에 가서 줄 서. 밀지 마, 얘들아!"

형형색색과 잘 어울리는구나!

획과 조은이 선교사의 큰딸 는 페이스페인팅을, 니콜은 매니큐어를 그리고 까만땅콩은 풍선아트를 맡아 아이들 줄을 세우기 시작했다. 평소엔 그저 허허벌판에 학교 하나 고아원 하나 세워져 있고, 집이 드문드문 있을 뿐이었는데 도대체 이 많은 아이들은 어디서 뿅하고 나타난 것일까. 그날 아이들은 300명이 넘게 왔고, 끝없이 줄을 섰으며, 오전 9시부터 저녁까지 쉬지 않고 아이들의 얼굴과 손에 그림을 그려넣고 풍선을 만들었지만, 결국 아이들 모두에게 그 혜택이 돌아가진 못했다.

까만 아이들에게 진한 원색과 강렬한 형광색은 참 잘 어울렸다. 우리는 작은 일이지만 감사 인사를 하는 법을 가르쳐주었고, 아이들이 수줍게 "아싼떼 asante,

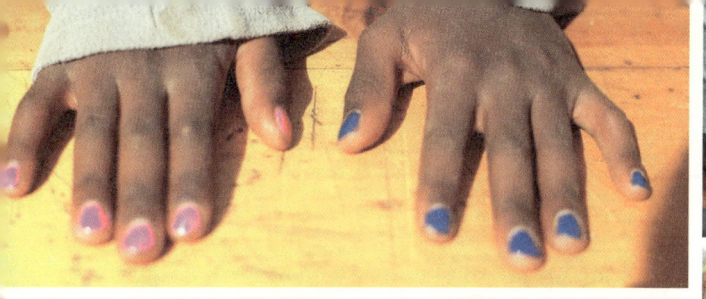
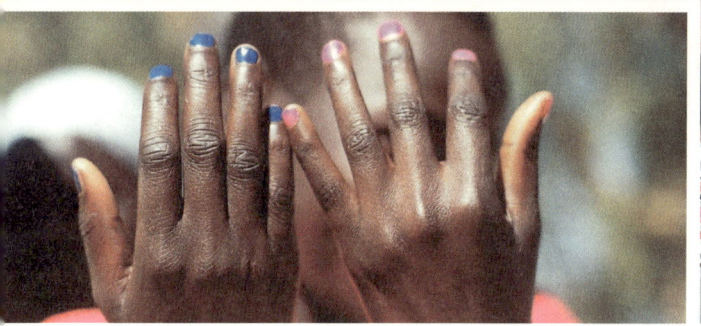
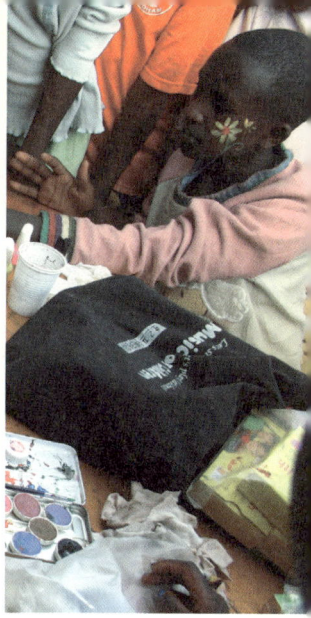

고마워 " 하면 "까리부 싸나 caribu sana, 천만에 "로 답해주었다. 우리가 아이들을 맡아 정신없이 일하는 동안, 운동장에서는 하하호호 깔깔거리는 웃음소리가 멈추지 않았다. 워낙 뛰어놀기 좋아하는 아프리카인들은 긴 팔다리를 이용해 줄넘기도 폴짝폴짝, 계주도 껑충껑충, 물 만난 물고기처럼 신나게 대회를 즐기고 있었다.

아프리카인이 가장 좋아하는 운동, 축구!

케냐 사람들의 축구 사랑은 브라질만큼이나 엄청나다. 사실 케냐는 축구 강국이 아니기 때문에 월드컵 같은 큰 경기에서는 볼 수 없지만, 크고 작은 대회를 많이 하고 있고, 경기가 있을 때마다 사람들은 삼삼오오 짝을 지어 두 시간을 걸어 TV를 보러간다. 월드컵에도 관심이 많다. 주로 그들은 자기네 나라가 출전하지 못해도, 자기네 나라와 가장 가까운 나라를 응원하는 것 같다. 물론 옛날 지배를 받긴 했지만 잉글랜드의 경기도 무척 좋아한다.

보는 것도 이렇게 열광하는데, 하는 건 더 좋아한다. 운동회의 마지막은 축구로 장식하게 되었는데, 출전하려는 사람이 너무 많았다. 아이부터 어른까지 결국 숫자를 제한하지 못하고 운동장엔 거의 70명쯤 되는 사람들이 네 팀으로 나누어 축구공 두 개로 막축구를 하게 되었다. 사실 그냥 '개판' 축구였지만, 세상에서 가장 재미난 경기가 아니었나 싶다.

케냐 사람들의 특징 중 하나는, 축구공을 찰 땐 반드시 신발을 벗는다. 변변한 축구화는커녕 신발도 기대하기 어려운 사람들이었기에, 운동장엔 먼지가 뽀얗게 묻은 슬리퍼를 신고 있는 사람들이 많았다. 하지만 신발은 사실 케냐 사람들에겐 여전히 익숙지 않은 거라 그런지 오히려 축구나 운동할 땐 맨발인 경우가 꽤나 많았다. 나는 맨발로 걷기도 힘든데 말이다. 신발을 신고서도 공이 앞으로

오면 뛰다가 신발을 탁 벗으며 공을 찬다. 엄청난 순발력을 필요로 하는 행동이라 무척 신기한 광경이었다.

나무 기둥으로 세워진, 세상에서 가장 멋진 골대에 그야말로 허허벌판인 운동장에 공 하나만 있으면 지치지 않고 달리는 까만 사람들. 사람들은 아무도 떠나지 않고 자리를 지키며 경기에 집중했고, 나도 아직 이 룰을 모르겠는데 어떻게 하다 보니 결승전까지 두 팀이 올라오게 되었다. 그러나 아뿔싸, 어느덧 해가 뉘엿뉘엿 지고, 전기가 들어오지 않는 이곳에 땅거미가 내리기 시작했다. 흔한 가로등 불빛도 없는 데다 가뜩이나 피부가 검어 사람들이 하나둘 보이지 않기 시작했다. 결국 결승전은 기약 없이 미뤄졌다.

이곳 사람들은 약속을 해놓고도 일이 생기면 지키지 않는다. 내일 와달라고 하면 알겠다고 해놓고선 일주일 뒤에 어슬렁어슬렁 오기도 한다. 결승전은 다음 주 토요일로 정해졌지만, 그날 운동장은 텅 비어 있었다. 결국 축구 결승전을

치르지 못한 까닭에 네 마을의 1등은 정해지지 않았다. 한국팀에서 준비한 상품들은 공평하게 나눠 가졌다. 품에 가득 선물을 안고 돌아가는 그들의 입가에 오늘 하루 미소가 떠나지 않았다. 처음 이곳에 올 때 우리가 정했던 목표가 생각났다.

"우리가 그곳에서 큰일을 하고자 하는 게 아니잖아. 우리 거창한 목표 잡지 말고, 그냥… 그냥… 그 사람들이 평생 웃을 시간이 우리로 인해 10분만 더 연장되길 원하는 마음. 그것 하나면 충분하지 않을까?"

오늘 하루, 체육대회 때문에, 아이들의 얼굴에 그려진 사자며 코끼리 때문에, 그리고 품에 안은 작고 보잘것없는 선물 때문에 웃음이 가득했던 그 시간은, 우리의 꿈이 이루어지는 순간이었고 우리에게 더없는 큰 선물임을 새삼 느꼈다.

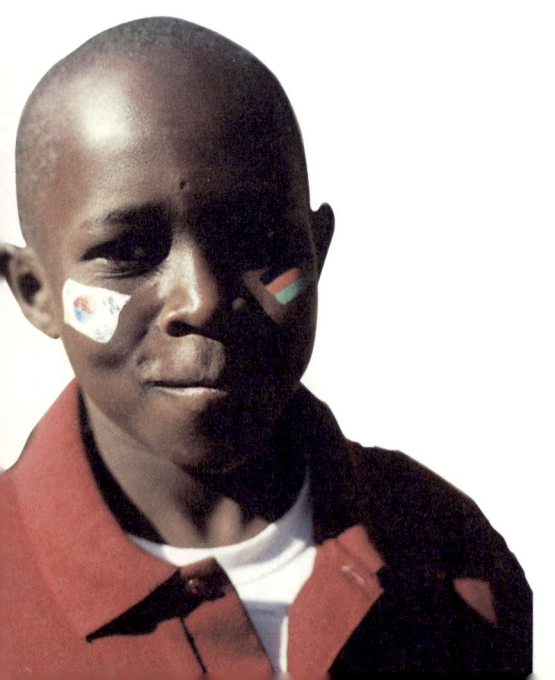

옥수수 알갱이 하나에 눈물 한 움큼

그대 나의 봄날 STORY2.

비가 오지 않은 지 5년이 되어가고 있다.

우기라는 말이 무색할 정도로 우기 때 비 한 방울 내리지 않은 지 5년이 되었다는 말은, 시골에서 할 수 있는 유일한 연명거리인 옥수수 농사가 흉년이 든 지 5년이 되었다는 뜻이다. 굶기 시작한 지 그리고 굶어 죽게 된 지 5년이 되었다는 뜻이다.

오늘은 마을 사람들에게 옥수수를 나눠주는 날이다. 이곳에선 옥수수 가루로 죽을 해먹거나 떡을 쪄 먹는다. 이것이 이들의 주식이다. 그런 그들을 위해 재배한 옥수수를 죽이나 우갈리로 해먹을 수 있게끔 알갱이로 정제해놓은 것을 1인당 10kg씩 배급해주기로 한 것이다. 우리는 사전에 마을 사람들에게 이 일을 알리고, 그날 참가 여부를 받아 명단을 작성했다. 참가 인원은 약 500명 정도였고, 만약을 위해 집 안에 아픈 사람이 있거나 아이들이 많은 가정에 우선적으로 돌아가도록 순번을 짜두었다.

드디어 푸대를 실은 트럭이 교회에 도착했다는 이야기를 듣고 밖으로 나가보니 세.상.에.

엄청난 인파가 교회 앞에 가득했다. 물론 사전에 마을 사람들에게 홍보하긴 했지만, 이렇게 많은 사람들이 찾아올 줄은 꿈에도 상상하지 못했다. 한편 신기하기도 했다. 전화도 없는데 대체 어떻게 알고 산 너머 이웃마을 사람들까지 몰려든 걸까. 무엇을 공짜로 준다는 소문은 가난한 동네에선 삽시간에 퍼진다는 것을 알게 된 순간이었다.

500명 정도를 예상하고, 사전에 명단까지 받아 체계적으로 준비해놓았지만 그런 수고로움은 수포로 돌아가고 말았다. 새벽부터 모인 인파는 이미 1천 명을 넘긴 상태였다. 옥수수는 결국 약속한 대로 줄 수 없게 되었다. 어떻게든 찾아온 이들에게는 다 나눠줘야 되지 않겠는가.

처음엔 순조롭게 배급이 이루어졌다. 하얀 옥수수가루가 옷과 몸에 가득 묻었다. 나에겐 표시가 나지 않았지만, 까만 피부의 큰 아이들 얼굴엔 온통 옥수수가루 투성이었다. 서먹하던 큰아이들과는 옥수수 배급을 하면서 친해졌다. 말이 통하지 않았지만, 우린 서로의 마음에 든 것을 눈빛을 통해 깨달았다. 말할 틈도 없이 미친듯이 옥수수를 퍼나르다가도 잠깐 짬을 내서 바닥에 흘린 옥수수 알갱이로 서로에게 던지는 장난도 쳤다.

하지만 옥수수는 점차 줄어가는데, 사람들은 줄어들 생각을 하지 않았다. 옥수수를 주는 양도 점차 줄어들었다. 양을 줄여도 사람은 줄지 않았다. 기다리던 사람들이 옥수수 양이 줄어드는 것을 눈치 채고 점점 난폭해져 갔다. 새치기를 하기 시작했다. 순식간에 아수라장으로 변할 것만 같았다. 쉬지 않고 옥수수를 담고 있는 내게 줄을 서지 않은 사람들이 "집에 아픈 사람이 있다고요. 내게 먼저 주세요" 하며 사정하기 시작했다.

하얀 옥수수가루가 머리를 덮고, 온몸과 온 얼굴이 땀투성이와 가루투성이가 되면서 나는 몇 번씩 웃었다 울었다 했다.

왜 이렇게 가난한 사람들이 많은 걸까.

왜 가난한 자들은 계속 더 가난해지기만 하는 걸까.

당신들에게 올바른 희망을 심어주고 싶다

옥수수 알갱이를 쓸어 담는 동안, 예전에 봤던 우루과이 영화 〈아빠의 화장실〉이 생각났다. 우루과이의 멜로라는 지방에서 일어난 실제 이야기를 각색한 영화인데, 그 가난한 나라에 교황이 방문하기로 한 일에서부터 이야기는 시작된다. 멜로 지방 사람들은 교황이 희망의 메시지를 전달해줄 것이라고 믿는데 그 희망의 메시지가 점점 변질되기 시작한다. 교황을 보러 사람들이 많이 모일 것이고, 그 사람들을 상대로 무언가 돈을 벌길 원하는 마을 사람들이 늘어간 것이다. 돈을 버는 것이 그들의 '희망'이 된 것이다. 그들은 희망을 놓치지 않기 위해 없는 돈을 쪼개, 심지어 돈을 빌리고, 집을 팔고, 소를 팔고, 땅을 팔아 장사할 채비를 한다.

교황이 왔고, 예상과 다르게 인파는 8천 명이 조금 넘었고 그 대부분은 멜로 시민이었단다. 브라질인은 400명 정도가 왔고, 그 중에 300명이 기자였다. 그리고… 멜로 시민이 세운 노점상은 400개에 가까웠다.

교황이 10분의 연설을 하는 동안, 노점상에 즐비한 사람들의 표정… 조금씩 변하는 사람들의 표정을 나는 정말 견디기 어려웠다.

왜, 가난한 자는 세상에, 언론에, 자꾸만 낚이는 걸까.

가난한 걸로 끝나면 됐지. 왜 낚이기까지 해서 더 가난해지는 걸까.

지금 이 옥수수 알갱이도 그런 것 아닐까. 낚여서 온 게 아닐까. 엄청나게 많이 받을 줄 알았는데, 겨우 한 양동이를 받아가며 반나절을 다시 걸어가야 하는 그들, 심지어 빈손으로 돌아가야 하는 그들을 나는 어떻게 받아들여야 할까.

이를 악물고 눈물을 참아내는 수밖에 없었다.

끝이 안 보이는 절망 가운데서, 그래도 희망을 노래하는 것이 내가 할 일이라는 생각이 들었기 때문이다.

여전히 그것은 내게 딜레마다.

밑빠진 독에 물붓기와 같은, 이런 일들은 과연 아프리카를 살리는 일일까, 죽이는 일일까. '자립'보다는 '퍼주기' 중심의 원조가 아프리카를 오히려 가난의 굴레에서 빠져나오지 못하게 한다는 소리도 점차 나오고 있다. '무엇'을 '어떻게' 해야 하나, 많은 고민이 오갔으나 당시 내가 할 수 있는 일은 그것뿐이었다.

그저 눈물과 땀이 섞인 옥수수를 퍼주는 일.

더, 더, 더 많이 친해지고 싶어

그대 나의 봄날 STORY2.

아직 우리가 할 수 있는 일이 남아 있다

키자베 마이마히유, 이 작은 마을에서 우리가 생활한 지도 2주가 넘었다. 그동안 이런저런 분들의 도움으로 마을 체육대회, 옥수수 나눠주기, 벽화 그리기를 무사히 진행했다. 탄자니아로 떠날 날도 얼마 남지 않았는데, 마지막으로 우리가 할 수 있는 건 뭘까. 까만땅콩과 흭 그리고 니콜은 생각했다.

"아직 풍선이 좀 남아 있어."

"폴라로이드 사진을 아껴두었잖아."

"그럼 마을 사람들 집을 돌아다니면서 아이들이 있는 곳엔 아트 풍선을 만들어주고, 가족사진을 찍어주자."

디지털 카메라가 생기고부터는, 남의 사진을 찍는 일은 때론 이기적인 행동으로 오해받는다. 아프리카를 비롯한 여러 나라 현지인들의 '사진'에 대한 반응은 대부분 비슷하다. 처음에야 생소한 카메라에 신기한 마음을 가지고 서로 찍히기를 원하지만, 그 사진을 가질 수 없다는 것을 알고부터는 더 이상 찍히기를 원치 않는다. 그래서 양해를 구하고 찍지 않으면 화를 내거나, 사진을 꼭 보내달라고 하거나, 심지어 돈을 받기도 한다. 그래서 우리가 생각한 것이 폴라로이드였다. 즉석에서 자신의 사진을 선물해준다면 그것보다 더 기쁜 선물은 없을 것 같았다. 아주 사소하지만 큰 행복을 줄 수 있는 것. 그것이 이번 우리의 여행의 목적 아니었던가.

한국에서 준비해온 즉석카메라와 필름 그리고 풍선을 들고 조이홈스 큰아이들의 도움을 받아 '올드 키자베'라는 산꼭대기에 있는 마을로 찾아갔다. 조이홈스 뒤로 병풍처럼 둘러쳐진 절벽에 가까운 산이 있는데, 도저히 길이 없을 것 같은 그 절벽 바위를 염소나 소가 올라가고 있는 모습을 종종 보아왔다. 절벽 사이로 그들이 뛰어노는 모습이 신기해서 한참 쳐다보기도 했는데, 그렇다. 그 사이사이로 사람들도 지나가고 심지어 그곳에 집을 지어 살기도 했다. 그냥 조이홈스 테라스에 앉아 있을 땐 이 넓고 황량한 땅엔 학교와 고아원, 교회 외에는 보이지 않았는데 이렇게 깊은 산 속으로 찾아 들어가니, 신기하게도 집이 하나둘씩 튀어나왔다. 이곳에 꽁꽁 숨은 집에서 200명이나 되는 아이들이 아침마다 학교로 등교하는구나, 내가 마을로 직접 찾아 들어가보니 알 수 있게 된 사실이었다.

이 많고 많은 아이들을 어쩌지

아프리카는 결혼할 때, 남자 쪽에서 지참금을 줘야 한다. 아내를 데리고 오는 대가로 처가에 돈이 될 만한 무언가를 주는 것이다. 하지만 워낙 다들 가난하니, 지참금이 없어 결혼을 하지 않고 그냥 동거하는 일이 허다하다. 그러다 아이가 생기면 남자는 책임질 생각은 않고 쉽게 여자를 버리고 다른 여자를 찾아간다. 그러다보니 한 집 걸러 한 집이 미혼모일 정도이고, 15살 전후의 소녀들이 애 하나씩을 업고 다닌다.

아프리카에 있으면서 그 모습을 보는 것이 가장 안타까웠다. 일부다처 문화에 대한 일방적인 거북함이 아니라, 부모의 사랑을 제대로 받지 못하고 자랄 아이들이 이 땅에 너무 많다는 것이 가장 마음 아팠다. 대부분이 편모 가정에, 엄마에게서마저 버림받은 아이들은 길거리 아이들로 전락하거나, 친척집에서 혹독한 일심부름을 해야 한다. 이제 겨우 다섯 살을 넘긴 아이들이 자기보다 더 무거운 물동이를 이고 하루에도 몇 번씩 수십 리를 다녀야 하는 광경을 볼 때마다 바른 가정을 정착시킬 수 있는 대안이 없을까를 생각하게 되었다.

산꼭대기에 옹기종기 집들이 모여 있는 올드 키자베 마을에도 많은 아이들이 방치되어 있었다. 우리는 아이들에게 색색의 풍선을 만들어주었고, 가족을 불러 모아 함께 사진도 찍어 방안에 놓을 수 있도록 해주었다. 우리가 해줄 수 있는 건 그게 전부였지만, 변변치 않은 가족사진이지만, 가끔 꺼내보면서 웃을 수 있다면, 그래서 조금 더 행복해질 수 있다면 그걸로 충분하다.

우리는 아이들에게
색색의 풍선을 만들어주었고
폴라로이드로 가족 사진을 찍어주었다.
우리가 해줄 수 있는 것은
그게 전부였다.

가끔씩 네가
우리를 추억하며 미소 지을 수 있다면
그것으로 충분하다.

천국 한 조각
케빈과 알란 이야기

아프리카에는 길거리 아이들이 많다.
이유는 다양하다. 전쟁통에 혹은 에이즈로 부모가 죽었거나, 부모가 그들을 버렸거나.
어떤 이유든 길거리 아이들은 노숙을 하며 구걸하고, 배고픔을 참지 못하면 본드를 흡입해 환각 상태로 생을 연명한다. 그래서 아침이 되면 길거리에 널브러져 있는 아이들을 많이 볼 수 있었다.

조이홈스 원장님인 조규보 선교사는 가끔 일부러 길거리 아이들을 찾아가 빵을 전해주곤 한다. 이미 본드에 중독되어, 돈을 주면 빵보다 본드를 살 아이들이었기 때문이다. 케빈과 알란은 빵을 갖다주러 갔을 때 만났다고 한다.
큰 눈망울에 겁을 가득 담고 있던 이 두 형제를 처음 본 순간부터 마음에 잊히지 않았단다. 그 눈이 잊히지 않아서 일주일 뒤 다시 찾아갔을 때, 아직도 남아 있던 그 아이들을 조이홈스로 데리고 왔단다. 아이들이 길거리에 나앉게 된 지, 딱 6개월 만이었다.

케빈과 알란의 아버지는 폭군이었다. 돈은 벌어다주지 않고, 그러나 어쩌다 돈이 생기면 잔뜩 술을 마시고 돌아와 아이와 엄마를 패곤 했다. 그 생활에 못 견딘 엄마가 그만 집을 나가버리고 말았다. 그리고 일주일 뒤, 아빠도 너희 망할 엄마를 찾으러 가겠다 하곤 연락이 두절되었다.
그 뒤로 아이들은 서로를 의지하며 살기 시작했다. 어떻게 밥을 먹고 어떻게 학교를 다녔는지 알 수 없다.

그렇게 두 달이 지났을까. 학교에서 돌아온 두 아이는 집으로 들어갈 수가 없었다. 이 아이들의 부모가 돌아오지 않을 것을 감지한 집주인이 문을 잠가버리고 만 것이다.
그때부터 아이들은 길거리로 나앉게 되었다.

조이홈스에 도착했을 때, 아이들의 몰골은 형편없었다고 했다. 배만 볼록하게 나와 영양실조에 걸린 아이들이 조이홈스에 와서 얼마나 때깔이 고와졌는지 모른다. 그러나 엄마의 사랑을 넘치게 받지 못한 결핍이 있어서 가끔 알란은 훅의 가슴을 서슴없이 만지곤 했다. 그리고 그녀가 다른 아이들을 조금이라도 신경 쓰면 질투하고 땡깡 부리며 울곤 했다. 그러면서도 자신의 잘못으로 조이홈스에서 쫓겨날까봐 금세 두려워하곤 했다.

선교사님의 마음을 움직이게 했던 케빈과 알란의 눈망울은 아프리카를 떠난 내게도 통했다.
한국에 돌아와서도 세상에서 가장 근사한 미소를 갖고 있던 케빈과, 질투쟁이 알란이 생각난다. 특히 알란에게는 많이 미안하다. 마지막 날, 내가 후원하기로 한 누엔과 사진을 찍느라 아이의 마음을 아프게 했다. 헤어지는 알란이 울면서 집으로 들어가는 모습이 조이홈스와 헤어지는 마지막 장면이다.

케빈은 한국을 방문하는 것이 생애 최고의 꿈이라고 했다. 자신이 조이홈스에 오고 돈을 벌지 않아도 먹고 잘 수 있는 이유가 한국에 있다고 믿기 때문이다. 나는 케빈이 그렇게 이야기할 때마다 아이를 안으면서 "케냐를 사랑하라"고 말하곤 했다.
"케빈, 네 나라를 사랑하렴. 네가 정말 돈을 많이 벌게 된다면, 네가 정말 근사한 꿈을 이룬다면, 그땐 한국에 보답하는 게 아니라 네 나라의 더 가난한 사람을 도와줘. 그러면 많은 가난한 아이들이 널 보며 '나도 저런 사람이 되어야지!' 결심할 거야."

사랑받고 싶은 마음
언제나 앞서는 마음
두려운 마음
그렇지만 자꾸 눈물이 나는 마음
이기심
여기 와서
내가 알지 못했던 나를 발견하고 있는 중이다.
아니, 알고 있었지만 애써 외면했던
나의 모습을 매일 매시간 발견한다.

비 내리던 기적 같은 날

그대 나의 봄날 STORY 3.

간만에 여유로운 오후, 2층 식당에서 마테차를 마시며 안티의 이야기를 듣고 있던 중이었다. 안티는 이야기를 하다가 중간중간에 "빗소리 아니에요?"라고 우리에게 물었다. 그럴 때마다 나는 후다닥 테라스로 나가 하늘로 손을 뻗었다. 하지만 손바닥 위로 빗물이 느껴지진 않았다.

큰비가 내리지 않은 지 5년이 지났다. 비를 가득 머금은 땅에 수풀이 우거져야 할 우기가 비 한 방울 없이 끝나버린 것이다.

가난한 나라에 비가 내리지 않는다는 것은 치명적인 일이다. 하늘과 땅밖에 없는 이곳에서 이들이 할 수 있는 일은 오로지 농사를 지어 끼니를 때우는 것이다. 하지만 비가 오지 않아 매년 옥수수 농사는 흉작이었고 그래서 굶는 사람, 그래서 죽는 사람이 많아졌다.

하지만 그날은 조금 이상했다. 하늘에 먹구름이 잔뜩 끼어 있었고, 문득 비 냄

새가 코끝을 스치고 갔다. 그러다가도 금세 먹구름이 걷히는 일이 허다했다는 안티의 말에 곧 실망하려던 순간, 후두둑- 후두두둑- 세상에서 가장 아름다운 소리가 들리기 시작했다. 거짓말처럼 비가 내리기 시작한 것이다. 그리고 얼마 뒤 비에 젖은 까만땅콩이 음악교구를 잔뜩 머리에 이고 주방으로 건너왔다.

"노래와 춤을 연습시키고 파트를 나눠서 멋진 공연을 하려는데 지붕 위로 떨어지는 빗소리! 가히 환상적이었어!"

우리는 그날 저녁, 아프리카인들과 밤새도록 춤을 추었다. 컨테이너 지붕 위로 시원하게 떨어지는 빗소리는 그 어떤 악기와도 비교할 수 없었다. 그날 이후, 이곳 사람들은 우리를 'lady'에서 'angel'로 부르기 시작했다. 마라이까 야 음부아 malaika ya umvua, 비의 천사 라는 스와힐리어 이날 이후 우리에게 붙여진 별명이다.

케냐 사파리 체험, 그보다 아름다운 것들

그대 나의 봄날 STORY 3.

"바쁘게 일하느라 케냐 땅 다 누리지도 못했죠? 아이들이랑 함께 가까운 곳이라도 다녀와요."

케냐까지 와서 시골 깡촌에 박혀 있는 우리가 가여웠는지, 조이비전스쿨의 교장선생님은 선뜻 우리에게 차를 빌려주셨다. 마이마히유 마을을 통틀어 단 하나밖에 없는 자동차였다. 국제면허증을 소지하고 있지 않은 우리는 운전석 위치가 한국과 반대인 차를 운전할 수 없었다. 그래서 급조된 운전사, 조이비전스쿨의 수학 선생님인 무고와 동행하기로 했다. 미스터 무고가 심심할까봐 대학 입학을 앞두고 있는 베나드와 조이홈스 고아원의 유일한 여자아이 살로메도 함께 가기로 했다. 이렇게 구성된 여섯 명은 지프차에 실려 울퉁불퉁한 비포장도로를 달렸다.

자동차 키를 건네받은 무고는 얼굴에 화색이 돌며 완전히 신나 있었다. 가는 길에 기어코 집에 들러 아내와 자신의 아들 지미에게 운전하는 멋진 자신의 모습을 보여주고 출발했다. 지미와 그의 아내는 나뭇가지로 만든 집 앞 울타리에서 차가 보이지 않을 때까지 손을 흔들었다.

나쿠루, 분홍빛 플라밍고의 호수

마이마히유 시골 마을을 떠나서 찾아간 첫 번째 여행 목적지는 그곳에서 두 시간 거리에 있는 나쿠루 호수. 케냐의 대표적인 관광지 중 하나이며, 호수지만 공원 안에 초식 동물들이 살고 있어 사파리 투어도 살짝 맛보기로 경험할 수 있는 곳이다.

케냐의 수도인 나이로비를 제외하고 대부분의 차도에는 중앙선이 없다. 우리나라에서는 감히 상상도 할 수 없는 일이다. 앞차를 추월해 오는, 그러니까 우리 쪽에서 본다면 역주행하는 차가 맞은편에서 돌진해오면 케냐 교통상황에 익숙지 않은 우리는 그야말로 비명을 지를 수밖에 없다. 하지만 현지인들은 비명을 지르는 우리를 매우 재미있다는 듯 쳐다볼 뿐이다.

도착한 나쿠루 호수는 분홍빛이었다. 분홍색 플라밍고와 하얀 펠리컨으로 덮여 있어서 물이 있는 호수인지 의심스러울 정도였다. 물 위에 가득, 평온하게 떠 있는 이들이 가끔 관광객의 인기척에 놀라 한꺼번에 하늘로 떠오를 때는 그야말로 장관이었다.

호수가 한눈에 보이는 정상에 올라가 늘 외국인에게 열려 있는 현지인 꼬마 녀

석들과 금세 친해져 신나게 놀았다. 곳곳에 살고 있는 원숭이, 바쁜 녀석들은 간이 배 밖에 나와서 음식을 들고 온 관광객을 서슴없이 공격했다. 모르고 간식을 들고 나왔다가는 크게 다칠 수도 있다고 하니 조심해야 한다.

암보셀리, 행운이 따라줘야만 즐거울 수 있는 사파리 여행
1박 2일짜리 사파리 투어를 하러 잠시 나이로비로 나왔다.
새벽에 출발해야 하기 때문에 우리는 전날 저녁에 햄튼이라는 게스트하우스에서 하루 묵었는데, 오오~ 물도 잘 나오고 전기도 들어온다.
조이홈스에서 아주 잘 적응하는 바람에, 우리가 게스트하우스 방안에 들어가서 불도 안 켜고 캄캄한 데서 열쇠를 찾아 문을 열려고 하니, 데려다준 사모님이 "불도 안 켜고 뭐하세요?" 그랬다.
우리가 놀라며 "어머, 불이 켜져요?" 대꾸하자,
그녀는 "촌사람 다 됐네" 하였다.

나이로비에서 지프차를 타고 5시간 남짓 서쪽으로 가면 있는 국립공원이다. 이미 지프차를 타는 그 순간부터 사파리 투어를 하는 셈이 된다. 아프리카의 길은 다른 어느 곳과도 비교할 수 없을 만큼 열악하다. 비포장이 대부분인 케냐의 도로는 바위투성이며, 메마른 땅에서 일어나는 먼지는 앞이 보이지 않을 정도다. 차문을 꽁꽁 닫아도 스멀스멀 올라오는 먼지에 이미 온몸은 먼지투성이다. 하얀색 옷을 입고 가면 누런 먼지가 껴 빨아도 없어지지 않을 정도다.

5시간의 로데오 경기를 끝내고 간 암보셀리 국립공원. 케냐의 마사이마라 사파리 다음으로 유명한 곳이다. 사파리는 행운이 좀 따라줘야 즐거울 수 있다. 사자가 누를 사냥하는 모습을 1분 차이로 놓칠 수도 있고, 온종일 돌아다녀도 표범 한 마리 보지 못하는 낭패를 겪을 수도 있기 때문이다. 우리도 그날 사자를 그토록 보기를 희망했지만 결국 이미 사냥을 한 차례 끝내고 배가 불러 강아지 마냥 벌렁 누워 자는 수사자 한 마리만을 목격했을 뿐이다. 처음엔 죽은 줄 알았다. 문을 쾅 닫는 소리에 귀를 살짝 움직여줘서 아, 자는구나 생각했지. 동물의 왕의 위엄이라고는 전혀 찾아볼 수 없는 게으름뱅이 수사자였다. 동물원의 그것보다도 못했다고 해야 할 정도로.

그러나 사람이 꽃보다 아름답기에

케냐에서 유명한 사파리 투어 코스도, 멋진 국립박물관도, 근사한 호수도 내 마음에서는 언제나 2위였다. 먼지 가득 일으키는 메마르고 광활한 땅과 생생하게 살아 있는 자연. 그것들은 이미 그 전의 여행에서도 충분히 만끽한 것이었다.

우리는 자연을 실컷 돌아보면서도, 멀리 보이는 말로만 듣던 킬리만자로와 마사이족의 화려하고 기품 있는 발걸음에도 '와' 하고 감탄사를 질러댔지만 마음 한 켠으로는 두고 온 조이홈스 아이들과 학교의 노랑 파랑 교복을 입고 동글동글한 웃음소리를 하늘로 내뱉던 꼬마들이 내내 그리웠다.

하늘과 땅으로 가득 차 있어서 다른 어떤 것도 들어올 틈이 없는 공간. 다른 것 아무것도 없어도, 가장 아름다운 것을 가진 이 넓고 가난하고 소박하고 아름다운 땅에서 만난 아이들, 그 아이들이 이 위대한 자연보다도 아름답다.

아프리카 생존 영어 학습법

그대 나의 봄날 STORY3.

여행자를 두 부류로 나누는 방법은 여러 가지다.

인도를 여행할 수 있는 부류와 그렇지 못한 부류, 배낭을 들고 다닐 수 있는 부류와 그렇지 못한 부류, 서른 개 침대가 깔려 있는 싸구려 도미토리를 이용할 수 있는 부류와 그렇지 못한 부류. 세계 공용어인 '영어'를 능통하게 사용하는 부류와 그렇지 못한 부류. 나는 앞에 열거한 부류 중에서 거의 대부분 전자 쪽에 해당되는 사람이지만, 딱 하나 그렇지 못한 부류에 속하는 게 하나 있다. 바로 '영어'. 이제껏 중학교 수준의 영어로 세상을 누비고 다녔다. 이렇게 말하면 요즘 중학생들이 얼마나 영어를 잘하는데, 그런다. 1980년생 기준이다. 그때는 중학교에 올라가야 알파벳을 배웠다. 언제나 차가운 이성보다 뜨거운 가슴이 앞서고, 논리정연한 말보다 무턱댄 행동이 앞서는 나로서는 매번 인내심이 필요한 영어공부에 실패한 채 여행을 떠났다. 그리고 중학교 때 배웠던 영어단어와 저질 문법으로 3개월을 버텼다.

아니, 눈빛만으로도 우린 통하잖아!

몇 년 전 남아메리카를 여행할 땐, 그 나라 국민 대부분이 영어를 못하고 스페인어만 사용할 줄 안다기에, 혹시나 굶어죽을까봐 떠나기 전 음식 이름만 스페인어로 달달 외워 지구 반대편으로 향하면서 나는 사실 속으로 쾌재를 불렀다.

그렇게 떠난 남미 여행의 초반은 정말 힘들었다. 간단한 인사도 영어를 사용하지 않고 오직 스페인어만을 사용하는 사람들과 도통 의사소통이 되지 않았기 때문이다. 그런데 이 사람들, 친화력은 어찌나 좋은지 내가 알아듣든 말든 구름떼처럼 몰려와 2시간씩 스페인어로 이야기를 하곤 했다. 멀기만 한 이곳 땅에 특히 관광지가 아닌 일반 마을에서 '동양인 여자 여행객'은 신기하고 친해지고픈 존재였던 듯하다. 나 역시 신들린 사교성에서 두 번째 가라면 서러워할 인물이기 때문에, 가끔은 '내가 동물원 원숭이쯤으로 보이는 건 아닐까' 걱정이 들 만큼 과도하기까지 했던 그들의 관심이었지만 심하게 거북하지는 않았다.

그런데 참 신기하기도 하지. 버스를 기다리는 시간 혹은 길을 걷는 중에, 심지어 버스를 타고 대륙을 열 시간이 넘게 달리던 중에도 끊임없이 내게 와서 스페인어로 대화를 시도하던 사람들과 의사소통이 되기 시작했다는 것이다.

그러니까, 그들은 내가 알아들을 때까지 똑같은 말을 반복했다. 몇 번이고 반복하는 것에 지치지 않았다. 나는 한 번, 두 번, 세 번, 열 번, 스무 번을 들으면, 대충 이 사람이 무엇을 물어보는지를 자연스럽게 깨우치게 되었다. 그래서 나는 여행하는 동안 현지어를 꽤 많이 배울 수 있었다.

한번은 이런 일이 있었다. 코르도바에서 일곱 시간 정도 걸리는 부에노스아이레스로 가기 위해 버스를 기다리고 있었다. 어, 그런데 30분이 되어도 버스가 오지 않는 것이다. 한국인 특유의 조바심을 온몸으로 피력하며, 혹시나 버스를 놓친 건 아닌가 싶어 옆 사람에게 표를 내보이며 "께 빠사? 어떻게 된 일이냐" 하고 물었다. 그랬더니 이 사람, 전혀 알아들을 수 없는 스페인어로 길~고 장황하게 설명을 늘어놓기 시작했다.

한참을 듣고 있어도 대체 무슨 소린지 단 하나도 알아듣지 못한 나는 지친 목소리로 다시 물었다. 포기한 상태였기 때문에 나는 한국어로, 그것도 경상도 억양이 가득 묻은 목소리로 말했다.

"그래서, 아직 버스 안 왔다꼬?"

"Si~! Si, si, si, si. 응, 맞아, 그래, 그래, 그래." 나의 한국어가 지구 반대편에서 통하던 역사적인 순간이었다. '맞아, 정답'이라는 표정으로 고개까지 끄덕이던 현지인 친구가 정말이지 귀여워서 나는 한바탕 웃었다. 버스는 정말 연착됐던 것이고, 버스가 올 때까지 나는 그 친구에게 1부터 10까지의 숫자를, 한국어, 영어, 중국어, 스페인어로 말해주었다. 그랬더니 그 친구는 내게 '무이 인떼레헨떼 너, 정말 지적이구나'라고 말했다. 나는 또 한바탕 웃어젖혔다.

내 자녀에게 전수할, '생존 다국어'

남미에 비해 아프리카는 영어를 꽤 잘한다. 하지만 처음 그들의 발음을 들었을 땐 전혀 영어라는 생각이 들지 않았다. 심한 영국식 발음은 우리나라 사람들에겐 너무 생소했다. 예를 들면 쏘까 축구, 쏙스 양말, 만 남자, 노트 굿 not good … 뭐 이런 식이니 간단한 단어도 내가 알아들을 수 없어 여행 초반엔 거의 귀머거리나 마찬가지였다. 지금은 한국 와서도 노트 굿, 노트 굿하며 그들의 발음에 완전히 동화되어 가뜩이나 좋지 않은 발음이 더욱 저질이 되고 말았지만.

그래서 영어 쓰기를 일찌감치 포기하고, 현지어를 배우기 시작했다. 간단한 인사라도 스와힐리어를 쓰면 그들은 아주아주 좋아한다. 외국인이 한국어를 하면 신기해하듯, 우리 입에서 그들의 나랏말이 나오면 반색한다.

아프리카에서 내가 가장 많이 쓴 말은 '하바리 가니 안녕', '키도고 조금'이다. 현지어로 인사하면 그들은 깜짝 놀라며 묻는다. "너 스와힐리어 할 줄 알아?" 그러면 나는 손가락으로 작은 표시를 하며 "조금 할 줄 알아"라고 말한다. 그러면 '키도고'라는 단어를 쓰는 나의 모습을 보며 매우 잘한다고 칭찬한다. 니콜키드박을 춤추게 하는 칭찬에 더욱 열심히 스와힐리어를 배웠고, 배운 것은 어떻게든 써먹으려고 노력했다. 심지어 부족언어인 끼꾸유어로 1부터 10까지 외웠을 때, 마을 사람들은 내게 박수를 쳐주었다.

가끔 외국에서 영어권 사람들이 현지어를 전혀 배우지 않고, 아주 간단한 말도 영어로만 쓰는 모습을 보면 얄미운 생각이 들 때가 있다. 결국 그들은 모국어 하나로 온 세계를 누리는 특권이 있는 거니까. 그래서 다른 나라 언어를 배울 필요성을 느끼지 못하는 거니 어찌보면 좀 무식해 보이기도 했다. 사람들은 어설픈 발음이지만 자신들의 언어로 하나부터 열까지 세는, 그런 지극히 사소한 것에 기쁨을 느낀다. 마음 문을 조금 더 열기도 한다. 물건 값을 조금 더 빼주기도 한다. '베리 굿'이라는 표현보다 '무이 부에노'나 '싸와'라는 나의 말에 더 환히 미소 짓곤 한다.

유치원 때부터 죽어라고 배운다는 영어 공부, 영어학습법에 대한 이런저런 이야기를 들을 때마다, 나는 아직 생기지도 않은 자녀에 대한 걱정을 하곤 한다. 어떻게 양육할 것인가!

남미에서 만났던 한 친구가 생각이 난다. 미학 전공이었던 그녀는 졸업을 앞두고 혼자 6개월 정도 중남미 전역을 여행하고 있었는데, 그녀는 중학교 때 처음 혼자 여행을 갔다고 한다. 여행 중에 정말 살기 위해 영어를 습득했다고 했다. 우스개 소리로 우리는 그것을 '서바이벌 잉글리시 생존 영어'라고 불렀다. 나 역시 이 생존 학습법을 써먹어볼 참이다.

중요성을 알아야 즐겁게 배울 수 있는 법이니까. 그러면서 왜 배워야 하는지를 뼈저리게 체험할 수 있으니까. 그렇게 된다면, '영어'란 것이 세상에서 가장 중요한 것이 아님을 깨닫게 될 것이다. 혹은 영어가 매우 중요하지만, 취직을 잘 하기 위해서 배우게 되진 않을 것이다. 뿐만 아니라 돈을 어떻게 써야 하는지 나름의 경제 가치관도 생길 것이고, 그 나라의 문화나 역사를 온몸으로 체험하게 될 것이다. 빚을 내서 사교육비에 투자하여 취직 잘하기 위한 영어만 배우는 것이라면 나는 같은 돈으로 여행을 보내련다. 아무리 객관적으로 따져봐도 여행을 보내는 것이 일거양득인 것 같다. 당연히 아이가 동의하는 조건에서. 아, 물론 나는 그전에 결혼부터 해야 하지만.

가끔은 무시무시한 곳이기도 해

그대 나의 봄날 STORY3.

조이홈스에 처음 갔을 땐, 아주 크고 멋있는 개가 세 마리 있었다. 골든 리트리버 종으로 보이는 달, 셰퍼드 일종의 바이올렛, 그리고 달이의 딸 별이. 하지만 우리가 사나흘씩 고아원의 자리를 비우고 돌아오면 개가 한 마리씩 없어졌다.

"바이올렛! 바이올렛!"
"안티, 바이올렛이 어디갔죠?"

그러면 안티는 얼버무리며 "죽었대"라고 이야기했다.
달이, 바이올렛, 별이 일당은 가끔 밤에 사냥 본능이 깨어나 집에서 키우는 병아리를 모두 물어죽이거나, 오리를 잡아먹는 일을 저지르곤 했다. 신기하게도 낮엔 그러지 않는다. 이곳 부족에게는 "죄의 대가는 반드시 되돌려주리라"는

습성이 있다. 그래서 고아원 아이들이 떼로 몰려가 아무리 키우던 개일지라도 반드시 처단하고 오는 것이다.

언젠가 또 다시 자리를 비웠다가 돌아왔을 때 달이 보이지 않았다.

"안티, 달이는 어디갔어요?"
"…죽었대."
"…죽었대가 아니라, 죽였대겠죠."

"니콜 니콜, 오늘 와카키 집에서 돼지 잡는대! 구경 가자!"
마당에서 마나와 휙과 베드민턴을 치고 있는 내게 드랑고가 소리쳤다. 굳이 돼지 잡는 걸 봐야 하나 싶었지만 따라 나설 수밖에 없다. 배드민턴을 함께 치고 있던 애들이 드랑고의 말에 순식간에 채를 버리고 나갈 채비를 했던 것이다.
요상하면서도 신기한 문화다.

누군가의 집에 행사가 있으면 모두 하던 일을 멈추고 구경 간다. 우리나라야 결혼식이 친인척들의 행사이지만, 여기선 마을 행사다. 온 동네가 옷을 갈아 입고 밤새 춤을 추는 곳이다. 지금처럼 돼지 잡는 행사에도 몰려간다. 심지어 교통사고가 나도 온 마을이 들썩이며 사고 현장으로 달려나간다. 핸드폰도 없고 인터넷도 없는데, 모든 사람이 그날의 행사를 알고 찾아온다.

조이홈스 고아원 아이들도 우르르 돼지 잡는 현장으로 갔다.

핏물이 흥건한 와카키의 집 앞에서, 나는 더 이상 못 들어가겠는데도 드랑고는 내게 "와꾸헤, 겁쟁이로구나. 돼지는 죽었기 때문에 널 해치지 않아" 하며 나를 도축의 현장으로 들이밀었다.

윽, 천장에는 반쯤 잘려나간 돼지가 거꾸로 매달려 있었다. 도축하던 와카키의 아버지는 외국인이 와서 기분이 좋은지, 통 안에 담겨 있던 내장을 하나씩 보여주며 "이건 심장, 이건 위장, 이건 간이야" 하며 나에게 친절히 설명해주었다.

피비린내 났던 도축의 현장을 빠져나와 울렁거리는 속을 진정시키고 있는데 아이들은 내 손을 이끌며 또 다른 현장으로 안내했다.

허허벌판에 불을 지른 흔적이 있고, 묵직한 무엇인가가 놓여 있었다. 느낌이 좋지 않았다.

"이건… 뭐지?"

"얼마 전에 강도 살인을 한 아주 나쁜 놈이야."

공무원들의 부정부패가 워낙 심한 곳이라, 심한 죄를 저지른 범죄자가 주민의 손에 붙들려 와도, 돈만 찔러주면 피해자 앞에서 풀려나는 일이 있었던 것이다. 응당 죄의 대가를 받아야 하는데 나라는 도와주지 않으니, 사람들이 강도를 잡아 먼저 죄의 대가를 치르게 하는 것이다. 그리고 토막 내어 불 태우고, 그런 뒤에야 신고를 하는 것이다.

그들만의 법, 그러니 내가 쉽게 판단해서는 안 될 일이겠지만 그들이 언젠가는 보다 더 성숙한 윤리의식을 갖기를 기대해본다.

송아지가 내 맘을 알아주었어

그대 나의 봄날 STORY3.

두부에 이어 까만땅콩이 한국으로 돌아가는 날이었다. 흭과 나도 탄자니아로 거처를 옮기는 날이 왔다. 탄자니아에서도 우리를 기다리고 있는 유치원이 있었다. 유치원의 벽화를 그려주고, 아이들에게 수업을 해주고 나서, 우리는 말라위로 넘어가려 계획했다. 말라위엔 흭과 내가 후원하는 아이들이 있다. 생각보다 오지여서 우리는 확답을 듣지 못하고 아프리카로 건너오게 되었고, 보름에 한 번꼴로 이메일을 확인하며 연락을 취하고 있었는데 마침내 오라는 승낙이 떨어진 것이다.

아침에 일어나서도 몇 번을 울컥했는지 모르겠다. 아침식사를 할 때, 우리는 약속이나 한 듯 말이 없었다. 아마도 누구 하나 떨리는 목소리로 말을 시작하면 온통 울음바다가 되었을 것이다.

안티가 예전에 선물 받은 옷이라며 내게 내밀었다.

"아무래도 마지막 날이니, 예쁘게 입어야죠."

까만색 물방울무늬 원피스를 입고, 아프리카 와서 처음으로 화장을 했다. 내내 신던 운동화도 벗고, 안티에게 빌린 구두를 신었다. 그리고 있는 동안 단 한번도 연주하지 않았던 플루트를 꺼내어 아이들 앞에서, 내 마지막 선물로 연주를 했다.

조이홈스를 떠나는 날이었다.

그날은 마침 힉의 생일이기도 했다. 힉은 생일파티가 시작될 때부터 울기 시작했다. 기뻐야 할 생일파티는 마지막이라는 생각 때문에 눈물바다가 됐다. 돌아가면서 우리에게 해주고 싶은 말을 해주고, 우리도 아이들에게 하나하나 이름 써내려간 선물을 전해주고 아이들이 함께 부르는 노래를 선물로 받았. 눈물의 생일파티를 마치고 나는 내게 행복을 준 이곳 구석구석을 잊지 않으려고 아주 천천히 혼자만의 산책을 시작했다.

조이홈스,
매일 아침 내가 앉아서 광활한 대지를 바라보며 책을 읽었던 테라스
저녁엔 호롱불을 켜놓고 글을 썼던 조이홈스의 낡은 도서관
스와힐리어로 씌어진 성경책, 드럼, 젬배
아이들 사진
매일 외우던 스와힐리어 기도문
대접에 밥을 가득 담아 매일 배 터지게 먹었던 안티의 부엌

벼룩 때문에 가진 못했지만 매일 기웃거리며 아이들과 인사했던 숙소
빨래하던 수돗가
뜨거운 물이 퐁퐁 나오던 유황온천 물탱크
우갈리 먹던 곳, 탁구 치면서 깔깔 웃었던 식당
잡기 놀이하던 잔디밭
참새도 닭도 함께 예배드리던 예배당, 그곳에서 춤추고 노래하던 사람들
노란 먼지가 가득 일던 운동장
1층짜리 학교, 깨진 유리창문, 아이들의 성적표
멋지고 잘생긴 달이, 비록 죽었지만 내가 매번 밥을 줬던 바이올렛.

울고 웃었던 시간들.

그렇게 구석구석을 살피고 있는데
학교 잔디밭에서 풀을 뜯고 있던 송아지 한 마리가 나를 보았다.
매번 내가 다가가면 도망가던 녀석인데,
그날은 이상하게 다가오는 나를 계속 물끄러미 쳐다봤다.

"내가 오늘 마지막이란 걸 아는 거니?"

내가 묻자, 마치 다 안다는 듯, 눈을 피하지 않고 나를 보았다.

갑자기 어찌나 눈물이 나던지. 나는 송아지를 붙잡고 엉엉 울었다.
'다시 돌아올 수 있을까' 그땐 그런 생각을 했다.
그렇게나 빨리 다시 돌아가게 될지는 그땐 몰랐지만 그리고 후회했다. 다시는 못 올 거란 생각에 너무 많은 사랑을 쏟아부은 것은, 아이들에게도 내게도 독이었다. 특히 아이들에게 일회성 사랑은 오히려 큰 상처가 될 수도 있으니까.

한바탕 펑펑 울고, 부은 눈으로 그들과 작별했다.
이보다 더 깊게 안을 수 없다 싶을 정도로 한 명 한 명과 포옹했다.
마지막 차에 올라타려는 순간, 카존이 내 옷자락을 붙잡았다. 초록색 작은 수첩을 쥐어줬다. 밤새 호롱불을 켜고 쓴 편지와 함께.

올해 '니콜'이라는 가장 값진 선물을 받았다는 그의 편지에 또 다시 눈물이 툭툭 떨어졌다.

탄자니아 입성

그대 나의 봄날 STORY3.

이성을 마비시키는 들끓는 욕망

가끔 무슨 정기적으로 앓는 열병처럼, 아프리카에 다시 가고 싶다는 욕망에 사로잡혀서 한동안 일이 되지 않을 때가 있다. 이성과 논리와는 거리가 멀고, 감정과 상황에 울고 웃는 나는 뭔가에 한번 꽂히면 일의 우선순위를 망각할 때가 많다. 게다가 나는 추진력까지 좋아서 가끔씩 목표를 향해 전혀 엉뚱한 일을 저지르고 마는 치명적인 단점을 아직도 지니고 있다.

'아프리카에 가자. 다 때려치우고.'가 시작되었다.

코이카 홈페이지에 들어가기, 아프리카를 사랑하는 모임에 가입하기, 인터파크에 들어가 내 마음대로 항공권 결제했다 취소하기. 다음날이면 다 잊어버리고 말 일들을 열심히 하다가 급기야 아프리카에서 살고 있다 잠시 한국에 나온 사람과 소개팅까지 했다.

호감 이전에 '아프리카', 온통 아프리카로 세뇌된 나는 이 사람이랑 결혼하면 아프리카에서 무엇을 할 수 있을까를 생각하느라 머리가 아플 지경이었다. 정작 삼세 번으로 내 인내심의 한계를 맛보고 끝났지만 말이다

그 사람과 만나면서 아프리카 이야기를 원없이 했다. 상대방의 입에서 주로 나온 말은 "와, 대단하네요." "그거 정말 쉽지 않은 일인데요"였다.

"정말 쉽지 않은 일인데"라는 말을 그 중에서도 가장 많이 들었다.

그가 쉽지 않은 일이라 한 것 중에 하나가 육로로 아프리카 국경을 건너는 일이었다. 뭐, 죽을 만큼은 아니었지만 정말 쉬운 일이 아니긴 했다. 그때 그 버스에서의 기억들이 머릿속에 여전히 재생되고 있는 걸 보면.

지금껏 나는 세 개의 대륙을 다녀왔는데, 그때마다 모두 육로로 국경을 넘어 다른 나라로 이동했다. 아시아 쪽은 무난했다. 남미는 땅덩어리가 너무 넓어서 한 번씩 이동할 때마다 스무 시간 이상씩 걸렸지만, 도로가 무척 잘 되어 있었고 돈을 더 주기만 하면 침대버스에서 매우 편하게 갈 수 있었다.

케냐에서 탄자니아로 건너갈 때도 나는 그러리라 믿었다.

버스가 남미에서보다 좋지 못한 것은, 최소한 스무 시간 이상 걸릴 거리는 아니었으니 참을 수 있었다. 나이로비에서 탄자니아 아루샤까지는 대여섯 시간이면 충분했으니까. 물론 아프리카 타임을 추가했을 때 배로 늘어나긴 했지만.

내가 예상치 못한 것은, 아프리카의 도로 상태였다. 15인승 정도되는 미니버스가 거의 협곡 수준의 바윗덩어리 비포장도로를 달리는데 온몸은 흔들리고, 소음도 바로 내 옆에서 몇 시간 동안 쉴 새 없이 따발총을 쏴대는 전쟁터를 방불케 했다. 아프리카에서 장시간 버스타는 것은 한 번으로 족하다. 도착하는 그 순간까지 비포장이었다. 열 시간 동안 버스 바퀴가 저렇게 성하게 굴러가는 게 신기할 정도였다. 차 안은 멈추지 않는 롤러코스터였다.

그리고 먼지. 비가 오지 않아 바싹 마른 비포장도로는 끊임없이 먼지를 일으켰고, 낡은 버스는 창문을 닫아도 갖은 모래가 버스 안을 가득 메웠다. 버스 앞에 차가 한 대라도 달리면 눈앞엔 누렇게 일어난 모래 먼지 덕에 운전사가 운전을 하고 있는 것 자체가 놀라울 정도였다.

소개팅남의 "정말 쉽지 않은 일인데"라는 말에 그때 그 장면들이 영화처럼 지나갔다.

각자의 소명을 감당하는 사람들

그렇게 아루샤를 넘어 다르에스살람, 탄자니아의 수도에 도착했다.

탄자니아는 사회주의국가. 그래서 남한보다 북한을 더 잘 알고 있는 듯했다. 내가 코리아에서 왔다고 하면, "노어스 north 오어 사우스 south ?"를 항상 물어왔다. 남한보다 김정일을 높이 평가하는 곳이다. 또 케냐보다 훨씬 못 사는 나라인데도, 거리도 깨끗하고 건물도 체계적으로 잘 지어서 그런지 케냐는 솔직히 좀 더럽다 훨씬 잘 살게 느껴진다.

우여곡절 끝에 김용주 선교사 부부를 다시 만났다. 고등학교 때 서원한 선교사의 삶을 이루기 위해 20년 약사생활을 접고 탄자니아로 와서, 병원을 짓고 아홉 개의 교회와 유치원을 지은 분들이다.

《사과나무》기자 시절, 친구의 소개로 인터뷰를 했던 부부다. 인터뷰하고, 4년 뒤 한국에서 만나고, 그로부터 4개월 뒤 다시 탄자니아에서 만났다.

탄자니아 교회와 유치원 그리고 병원은 케냐와는 또 사뭇 달랐다.

하나님께 드리는 성전은 최고로 짓고 싶다는 바람대로, 지은 건물 하나하나가 아주 깨끗하고 좋았다. 조이홈스와는 비교도 할 수 없을 만큼 좋았다. 일단 전기가 들어오고, 우리 숙소는 신발을 벗고 들어가는 온돌이었으며 조이홈스는 시멘트 바닥이라 침대 앞에서 신발을 벗었다 넓은 거실에 냉장고까지, 게스트하우스도 따로 있었다. 교회도 선교센터도 유치원도 완전 삐까번쩍… 희과 나는 처음에 잔뜩 겁을 먹고 어떻게 무슨 일을 해야 하나 고민스러웠다. 유치원 아이들이 우리보다 더 깨끗한 것 같았다.

이미 많은 것이 갖춰진 이곳에서 우리가 뭘 할 수 있단 말인가!

처음엔 사실, 조이홈스의 열악한 상황과 많이 비교가 되어서 마음이 많이 힘들기도 했다.

탄자니아 서점이라니

도착한 다음날, 우린 다르에스살람 시내로 나가 사모님을 따라다니며 장보는 일부터 했다. 유치원 아이들이 쓸 교재 보러 서점도 가고, 아이들이 입을 교복

도 새로 샀다. 탄자니아에서 서점은 처음이라 무척이나 신이 났다. 직업병을 버리지 못하고 책만 보면 눈이 뒤집혀서 글자도 제대로 못 읽는 내가 한참 동안 책을 뒤적거렸다. 읽지도 못하는 스와힐리어로 된 〈동아프리카 시선집〉도 하나 샀다.

다르에스살람은 중간에 바닷물이 들어오고 두 구역으로 나뉘어 있다. 마치 서울이 한강을 사이에 두고 강남, 강북으로 나뉘어 있는 것과 같다. 선교사님의 거처는 여의도 같은 곳에 있는데 다리를 하나 놓으면 사실 5분도 걸리지 않는 거리다.
그런데 탄자니아에는 다리가 없어서 그 거리를 배로 이동한다.
배표 사서 30분 기다리고 배로 이동하는 데 10분 걸리고… 5분 거리를 40~50분씩 걸려 이동하는 것이다. 대기하는 사람이 많으면 1시간 넘기는 건 기본.

시간을 금쪽같이 아끼는 우리나라에서는 있을 수 없는 일이다. 그러니 답답해 하는 사람은 우리나라 사람밖에 없다. 한두 시간 길거리에 시간 버리는 것은, 여기 사람들에겐 대수롭지 않은 일이다.

그레이스 유치원 습격 사건

그대 나의 봄날 STORY3.

조이홈스와는 판이한 이곳에 와서, 흭과 나는 한동안 샤이걸shy girls이 되었다. 마치 대기업에 면접 보는 사람마냥, 잔뜩 긴장을 해서 돌아다녔다. 까만땅콩처럼 진두지휘할 사람도 없고, 우린 우선 묵묵히 유치원 외벽과 내부 게시판을 꾸미기로 했다.

그레이스 유치원에 다니는 아이들은 정말 깨끗하다. 케냐에서는 심지어 우리조차도 신고 다니지 않았던 흰 양말을 착용했다. 케냐에선 흰색 옷은 일회용이나 다름없었는데 말이다 점심시간에 조이비전스쿨 아이들은 조이홈스 식당에서 도배풀 죽을 배급받지만, 이곳 아이들은 집에서 도시락을 싸온다. 점심시간을 이용해 게시판을 꾸밀 용도로 아이들 각자의 얼굴을 폴라로이드로 찍어주었다.

그래도 아이들은 하나같이 예뻤다. 우리를 신기해하고 웃어주고, 안아주는 것은 온전히 그들의 몫이었다. 폴라로이드 속 아이들의 웃음은 하나같이 예뻤다.

물론 잔뜩 겁을 먹은 아이도 있었지만, 탄자니아에 온 지 사흘이 지나서야 겨우 아이들과 친해진 느낌이었다.

폴라로이드 필름이 조금 부족해서 혹시나 하고 여쭤보니, 선교사님이 커다란 컨테이너 박스로 우리를 안내했다. 우리는 입이 턱 하고 벌어졌다. 컨테이너 박스엔 아이들이 쓸 수 있는 좋은 교재와 물건들로 넘쳐났다. 그 와중에도 사모님이나 선교사님은 더 좋은 것, 아이들에게 더 필요한 것이 없는지 현지에서도 끊임없이 살피신다. 처음엔 그 모습이 멋져보이지만은 않았다. 워낙 열악한 조이홈스의 환경과 상황을 봐서 그럴 것이다. 물론 조이홈스는 마이마히유에서 가장 삐까번쩍한 건물이다.

하지만 지날수록, 이곳 사람들에게 좀 더 바르고 개선된 교육환경을 만들어주는 선교사님이 참 멋있어 보였다. 지난 20년간의 사역이 얼마나 크고 힘들고 치밀했을지 그 역사가 느껴졌다.

그렇다고 그분의 사역이 성공, 열악한 환경의 사역은 실패라고 결론 지을 수도 없다. 길이 다르고 상황이 다를 뿐이다.

김 선교사의 또 하나의 사역

> 예순을 앞둔 나이에 내가 아직 더 할 일이 남아 있다면, 탄자니아에 안경학교를 세우고 싶어요. 여기는 의술도 재료도 많이 부족하거든요. 눈 나쁜 사람은 많은데 안경이 몇 개 없어서 대충 껴보고 제일 맞다 싶은 걸로 쓰곤 해요. 안경학교가 세워져 안경 제조기술자들이 배출되면, 탄자니아뿐만 아니라 인근 여덟 개 나라가 함께 안경을 낄 수 있게 되는 거죠. - 월간 〈사과나무〉

인터뷰할 때, 안경학교에 대한 이야기를 나눈 적 있다. 그리고 4년 뒤에 탄자니아에서 선교사님을 뵈었을 때, 선교사님은 우리를 데리고 안경학교가 세워질 터를 보여주었다. 그렇게 하나씩 주신 소명을 감당하며 이루어가는 모습은 내게 커다란 도전이었다.

나는 아직도 내가 무엇을 해야 하는지, 어떻게 해야 하는지 갈피를 잡지 못하고 있다. 장 지오노의 〈나무를 심은 사람〉처럼 묵묵하게 하나씩 차근차근 해야 할 일들에 쉬 매력을 느끼지 못한다. 서두르지 말아야 하는데, 언제나 조급함으로 가득 차 있다.

나는 앞으로 어떤 일을 해야 할까? 출판 일에 몸담고 있은 지 오래 되었고, 그걸 활용해 내가 할 수 있는 일이 있다면 참 좋을 텐데. 한국에서 편집일 하는 것도 꽤 재미있고 좋지만, 과잉생산 되는 느낌을 지울 수가 없다. 매출을 높이려면

계속 책을 생산해야 하고, 수요는 많지 않은데 생산이 너무 많다는 생각은 내 자존감에도 상처를 주었다. 사람들에게 읽히지 않는 책을 단순히 '매출' 때문에 만들어내는 것은 '나무'에게도 너무나 미안한 일이다.

그러나 이곳은 책을 자체적으로 만들지도 못해서인지 책이 별로 없다. 이곳에서 이들에게 필요한 책을 만들면 얼마나 좋을까. 그러기엔 꽤 탄탄한 준비과정이 필요하다. 언어공부도 열심히 해야 한다.

막연한 생각은 굼뜬 행동력 때문에 여전히 그 자리에 머물러 있다. 그 모습은 두고두고 나를 부끄럽게 만든다. 입으로는 수많은 사람들에게 떠벌려놓고, 아무것도 준비하지 않은 모습이라니.

탄자니아에 다녀온 지 벌써 4년이라는 시간이 흘렀고, 그때 그 마음을 복기하면서 다시 시작해보려고 한다. 그들에게 책을 읽히고 싶다. 필요한 책을 만들고 싶다. 적어도 책을 위해 제 한몸 희생을 두려워하지 않는 나무에게만큼은 미안한 맘 들고 싶지 않다.

잔지바르, 슬프도록 아름다운 이름

그대 나의 봄날 STORY 3.

케냐에서 탄자니아로 넘어간 지 일주일이 지났다. 탄자니아는 케냐와는 또 다른 느낌이다. 자유민주주의 국가인 케냐는 아프리카에서 남아공 다음으로 잘 살기는 하지만, 빈부격차가 심해서 부촌을 조금만 벗어나도 지저분하고 열악한 느낌이 그대로 전해졌는데, 사회주의 국가인 탄자니아는 빈국임에도 깨끗하고 정리된 느낌이 들었다.

나흘째 하릴없이 다르에스살람에서 빈둥거리던 획과 나는 더 이상의 지루함을 참지 못하고 그곳에서 경비행기로 20분 정도 가면 나오는 아름다운 섬 잔지바르 여행을 하기로 결정했다.

탄자니아에 속해 있음에도 공항에서 출입국카드를 작성해야 들어갈 수 있는 잔지바르는 한때 오만 제국의 수도였을 정도로 꽤 번영했던 무역항이었고, 아랍

인과 인도인이 사탕과 초콜릿으로 유인해 잔지바르인들을 노예로 팔아넘겼던 아주 큰 노예시장이 있던 곳이다.

이들은 노예에서 해방된 지 200년이 지난 지금에도 여전히 아랍인의 신앙인 이슬람교를 대부분 믿고 있으며, 백인들 아래서 그들이 던져준 돈을 받으며 살아가고 있다.

캄보디아에는 뚝뚝, 인도에는 릭샤가 있다면, 잔지바르에는 달라달라가 있다. 우리나라의 포터 같은 작은 트럭에 천막을 달고 거기다 손잡이를 달아놓은 버스, 우리가 내내 '닭장차'라고 불렀던 버스에는 정말 승객이 닭들마냥 주렁주렁 매달려 간다. 15명이 정원이지만, 최대한 탈 수 있는 데까지 사람을 구겨 넣는다. 예전에 한 운전사는 30명을 넘게 태우고 달리다가 경찰한테 붙잡히자 버스를 두고 도망가기도 했었단다.

나와 획은 자리가 충분하다는 바람잡이에게 속아 버스를 탔는데, 도통 앉을 데가 없어서 거의 몇 정거장을 버스 바닥에 무릎을 꿇고 앉아 있었다. 우리가 불쌍해보였는지 현지인이 우리에게 자리를 양보하기도 했다.

닭도 타고, 자전거도 타는 달라달라는 비록 문도 없고, 창문도 없지만, 달리는 동안 사방으로 휘몰아치는 자연바람은 에어컨이 부럽지 않을 만큼 시원했고 상쾌했다. 획과 나는 잔지바르에 도착해서 이 버스를 타는 동안 웃음을 멈추지 못했다. 더군다나 천장 위에 주렁주렁 매달린 승객들의 짐이 달리는 동안 승승 빠져나가도 "뽈레미안" 하면 그만이다. 물건 주인도 그냥 어깨만 으쓱할 뿐이다.

스톤타운의 골목, 노예시장의 흔적

잔지바르의 시내 격인 스톤타운은 미로처럼 연결된 골목들이 매우 매력적인 곳이다. 바랜 상아빛으로 통일된 건물들 그리고 마법처럼 튀어나오는 형형색색의 아름다운 가게들은 온종일 구석구석을 돌아보아도 뭔가 잔뜩 남은 듯한 느낌이다. 한창 라마단 이슬람교의 금식기도기간, 40여 일 동안 오후 6시까지 음주, 흡연, 식사, 섹스 모두를 금하며 기도하는 기간이다 중이어서 우리는 점심시간을 훌쩍 넘겼지만 문을 연 식당을 찾을 수가 없었다. 덕분에 스톤타운, 인생의 주름 같은 골목을 하루종일 돌아다녔다.

지금은 영국 대성당이 세워진, 스톤타운의 옛 노예시장에도 들렀다. 바닷물이 들어오는 지하에 건장한 흑인들을 묶어놓고, 죽으면 죽는 대로 바닷물에 쓸려가도록 내버려두고, 살면 산 대로 영국과 미국 등지에 노예로 팔려가게 만든 곳이다. 그런데도 이상하게 그렇다 할 반항 없이 200년을 지낸 사람들…. 아무리

봐도 체격으로도, 품성이나 예술적 재능으로도 부족할 것이 없는 이 사람들이 그저 '검다'는 이유로 이 모든 슬픈 일을 견뎌야 했다는 것이 참 안타깝기도 하고 화가 나기도 했다.

잔지바르 북쪽 해변인 눙귄에서 이틀을 보내고, 동쪽바다의 일출을 보기 위해 키웬가 해변으로 자리를 옮겼다. 지난 밤, 눙귄에서의 석양은 참으로 훌륭했다. 인도양의 석양을 검은 뱃사람들과 맑은 바닷물을 가르며 태양을 향해 나가는 그 색다른 시간 속에서 만끽하다니 평생 기억하기에 충분했다.

잔지바르 눙귄 해변은 이미 여행자들에게는 꽤 소문이 나 있는 아름다운 곳이다. 할리우드 배우들이 신혼여행으로 가장 많이 찾는다는 해변도, 바로 이 잔지바르 해변이라고 한다.

동쪽 해변은 북쪽보다는 한산하고 조용한 곳이었다. 생애 가장 아름다운 바다를 만났다고 해도 과언이 아니었다. 그만 필름이 똑 떨어져서 사진으로 담을 수 없다는 것이 이번 여행 중에 가장 안타까운 일이 되었을 정도로 정말이지 아름다운 곳이었다.

우리는 키웬가 해변 중에서도 인적이 드문 끝자락에 속한 게스트하우스에서 하룻밤을 보냈다. 이탈리아 사람 도미니크가 운영하는 곳으로, 여행차 들른 잔지바르의 매력에 빠져 이곳 여자와 결혼을 하고 아예 눌러 앉은 케이스였다. 눈부신 백사장과 형언할 수 없는 바다 그리고 같은 색깔의 하늘과 그 하늘을 덮은 구름조각들. 가본 사람만이 이 마음을 이해할 수 있을 것이다.

아프리카 맥주, 터스커

아프리카 여행 중 내 마음을 사로잡은 것이 있으니, 바로 터스커! 아프리카 맥주다. 매일 두 캔씩 생수처럼 마셨다고 해도 과언이 아닐 만큼, 나는 이 맥주 맛에 푹 빠져버렸다.

맥주만 마시면 세상에서 가장 행복한 표정을 짓는다며 '조증니콜'이라는 별명이 붙을 정도였는데, 가끔 울적한 기분이 들 때면 아프리카 맥주가 생각난다.

아침 일찍 일어나 백사장으로 달려가 눈을 비비며 해가 뜨기를 기다리고 있는데, 이상하게 바닷가 반대편 구름이 붉게 물들기 시작했다. 순간 내가 바라보는 곳이 동쪽이라는 확신이 무너지기 시작했다. 의심하며 반대편으로 발길을 돌리려는 순간, 바다가 알을 낳듯 뽕 하고 동그랗고 붉은 태양이 나타났.

태양 같은 사람이 되고 싶다는 생각을 했다. 내가 빛이어서 타인을 먼저 밝게 비출 줄 알고, 그 빛이 어디서부터 왔냐는 질문 앞에 나 스스로를 자랑하지 않는 그런 선한 사람이 되고 싶다는 생각을.

그리움이 자꾸 쌓이네

그대 나의 봄날 STORY3.

탄자니아 그레이스 유치원 벽에 벽화를 그리고 있을 때였다. 유치원 벽에도 각종 동물들이 새겨졌다. 꼬꼬닭을 그리고 있을 때였다. 문득 토마스가 생각났다. 이후에 설명할, 나의 큰아들 조셉 누엔의 손윗형이다. 마나, 토마스, 누엔, 창 이렇게 4형제는 수단의 전쟁고아다. 연결 연결이 되어 케냐 땅에 있는 조이홈스 고아원에 머물게 된 형제다.

수단 아이들이 다 그런지 모르겠지만, 조이홈스에 있었던 그 4형제는 참 점잖고 착한 아이들이었다. 끼꾸유 부족어를 모른다는 이유로 아이들끼리의 텃세도 있고 일부러 그 형제들 앞에서는 부족어를 더 쓰곤 했었는데, 특유의 느긋하고 집중하는 근성으로 불과 1, 2년 만에 부족어를 모두 터득했을 정도다. 그 중에서도 둘째 토마스는 정말 착한 아이였다. 학교를 가지 않는 주말마다 고아원은 대청소를 하는데 그 대청소 시간에는 각자 보직이 있다. 화장실 청소나 식물

캐기, 소 돌보기 등이다. 가끔 땡땡이를 치고 도망가버리는 아이들도 많다. 토마스의 보직은 닭장 청소와 달걀을 암탉에게서 가져오는 일이었다. 다른 아이들이 맡으면 달걀을 혼자서 쏙 먹어버리기 일쑤였으나 토마스에겐 절대 없는 일이었다.

하루는 토마스가 닭이 알을 많이 나왔다며 그 큰 손에 여섯 개를 들고 왔다. 그러더니 윗주머니에서 몇 개씩 빼고, 바짓주머니에서 또 몇 개, 안주머니에서 몇 개를 빼낸다. 우리 네 명의 여자들은 퍽 신기하고 재미있어서 달걀을 꺼낼 때마다 마구 웃었던 기억이 난다. 그때도 달걀을 훔치거나 먹지 않았던 녀석이다.

안티는 그 아이 앞에선 그러지 않았지만, 우리 앞에서는 토마스 칭찬을 참 많이 했었다. 얼굴에 이미 근면성실이라 쓰여 있는 데다 마음이 무척 너그러운 아이라고 했다. 무엇보다 안티를 '엄마'로 생각하는 서른 명의 고아들은 안티에 대한 결핍이 있다. 서로 칭찬받고자 하고, 서로 안으려고 하고, 서로 더 사랑받으려고 하는 아이들 틈에서, 자기 자리를 확실히 알고 그저 한 조각 겨우 떼어내 주는 사랑 표현으로 만족할 줄 아는 아이였다.

꼬꼬닭 하나 그리다가 토마스가 무척 보고 싶어졌다. 다시 볼 수 있을까? 다시 그 아이들을 품에 안을 수 있을까? 그럴 수 없을지도 모른다는 생각과 함께, 이상하게도 다시 볼 수 있을 것 같은 막연한 믿음이 들던 하루.

그땐 몰랐다. 그게 정말 내 마음인 건지, 간절한 바람이었는지, 그러나 지금 생각하면 그 우연의 연속은 다시 그들을 만나고 싶다는 내 간절한 바람에서 비롯된 게 아닌가 싶다.

그 어느 곳을 거닐어도, 이제 너희들 생각뿐

말라위, 내 아들을 만나러

그대 나의 봄날 STORY 3.

나의 첫아들, 카만가

2007년 여름, 앞서 이야기했듯 나는 석 달 가량 남미 여행을 다녀왔다. 그러고선 일주일 만에 출판사에 취직하게 되었는데, 첫 월급을 받으면서 나는 한 NGO를 통해 첫아들, 카만가를 만나게 되었다.

정직하게 말하자면, 아이를 후원하게 된 동기는 약간 불순했다. 남미에서 한국으로 돌아오던 비행기 안에서 나는 지도를 꺼내 다음 여행지를 골랐다. 그때 내가 사인펜으로 지도에 동그라미친 대륙은 '아프리카'였다. 목표는 2년 뒤, 지금처럼 두세 달의 시간을 위해 얼마든지 회사를 때려치울 수 있는 용기. 서른이 되어도 마흔이 되어도 월급에 연연해하지 않고 원하는 일에 매달릴 수 있는 용기를 잃지 말자고 선택한 일이었다. 아프리카에 후원하는 아이가 있으면, 그 아이를 보기 위해서라도 언젠가 그곳에 발 디딜 수 있지 않을까 하는, 약간은 이

기적인 마음에서였다.

당시에 나는 스물여덟 살이었고, 나는 다시 눈코 뜰 새 없이 일에 파묻혀 한동안 지낼 것이고, 그렇게 또 조금씩 소위 '안정된 생활'에 익숙해지고 나이가 들면 쉽게 내 꿈을 저버릴까봐 무서웠기 때문이다.

후원신청을 하고 얼마 뒤, 아이의 간략한 신상정보서류와 함께 사진이 왔다. 카만가 쿰부라우. 아프리카에서도 지독히 가난한 작은 나라 말라위에 사는 네 살짜리 남자아이였다.

잔뜩 겁을 먹은 표정을 짓고 있는 카만가의 커다란 눈망울이 참 귀여워, 나는 퇴근하자마자 아이에게 편지를 썼다. 영어 실력이 부족해서 한글로 쓰고, NGO 단체 자원봉사자에게 번역을 맡겼다 아이는 물론 아이의 가족들조차도 이 편지를 읽을 수 있을까 하는 의문이 들었지만 문맹률이 높은 나라다 아무튼 정성스럽게 편지를 썼고, 나와 내 가족의 사진과 알록달록 스티커 그리고 아이가 좋아한다는 장난감 고무공을 넣어 첫 편지를 부쳤다. 그리고 얼마 뒤, 아이를 돌보고 있는 NGO 직원에게서 편지가 왔다. 아이는 건강하게 잘 지내고 있으며, 편지를 받고 매우 좋아했다는 내용이 담겨 있었다. 그리고 아이가 아직 글을 쓸 줄 몰라 그림을 보낸다는 내용도 적혀 있었는데, 편지지 옆에 삐뚤빼뚤한 동그라미가 그려져 있었다. 그 동그라미가 퍽 귀여워서 한동안 나는 지갑에 그 편지를 넣고 다녔다.

그 뒤로도 간헐적으로 편지가 오가고, 카만가의 그림솜씨는 나날이 늘어갔다. 나는 애초에 가졌던 불순한 동기를 깊이 반성했고, 아프리카에 대한 열망은 차츰 나의 양아들을 보러 가고 싶다는 마음으로 바뀌어갔다.

그래서 떠난 아프리카 여행

그리고 거짓말처럼 기회가 찾아왔다. 나이만큼 무거웠던 현실 앞에 쉽게 회사를 그만두지 못하고 갈까말까를 망설이던 내게 두 달이란 시간이 주어진 것이다. 돌아와서는 몇 배로 더 열심히 일해야 할지도 몰랐지만, 그런 부담감은 주어진 '아프리카' 여행에 걸림돌이 될 만큼 크지 않았다.

〈바오밥나무〉라고 굵은 매직으로 써놨던 적금통장을 깨고, 두 달간의 시간을 좀 더 알차게 보내기 위해 사방팔방으로 뛰어다니던 그 준비기간도 내겐 이미 즐거운 여행이나 다름없었다. 그리고 여행 일정 막바지에 '말라위'를 집어넣으면서 내 아들 카만가를 보러간다는 그 꿈 같은 일 때문에 한동안 잠을 설칠 정도였다.

정말이지 신기했던 일은 여행에 함께했던 조획도 마침 같은 NGO 단체의 말라위 아이를 후원하고 있었다. 우리는 가기 전부터 NGO 단체와 지속적으로 메일을 주고받으며 연락을 취했다. 그러나 말라위에 있는 구호단체와 소통이 잘 되지 않아 결국 정확한 날짜를 잡지 못한 채 아프리카 케냐에 먼저 도착했다. 전기도 인터넷도 되지 않는 곳에서 계속 연락을 취할 수 없었고, 겨우 연락이 되었을 때 승낙은 받았지만 탄자니아에 도착해서야 '확답'을 받았다.

그러나 이번엔 말라위 상황이 좋지 않았다. 탄자니아에서 말라위로 넘어가는 육로가 매우 열악한 상황이었다. 탄자니아와 바로 붙어 있는 곳인데도 내가 머물던 다르에스살람에서 말라위로 넘어가는 일이 만만치 않았다. 거기다 엎친

데 덮친 격으로 연락이 왔던 다음 날, 말라위에서 배낭여행 중이었던 한국인 대학생 둘이 교통사고로 사망했다는 소식이 날아들었다.

모두가 말라위로 넘어가려는 우리를 만류하기 시작했다. 결국 고민 끝에 우리는 다시 메일을 보내어 아이들을 만나러 갈 수 없겠다고 알렸다. 아프리카에 있는 동안에도 내내 카만가를 보지 못한 아쉬움이 바람처럼 마음을 쓸고 지나갔다.

그리고 아프리카에 다녀온 지 1년쯤 지났을 때였다.

서울살이에 또 잔뜩 물이 들어 정신없이 바삐 살고 있을 때, 카만가도 나의 두 번째 아들도 잊고, 그저 다달이 통장에서 돈이 빠져나가는 것으로 내 할 일 하고 있다 자위하고 있을 때쯤이었다. 카만가와 나를 이어주었던 NGO 단체에서 연락이 왔다. 내용인즉슨 아이 쪽에서 후원을 끊고 싶어한다는 것이었다. 정확한 이유를 들을 수는 없었지만, 후원하는 나와 아이 가족의 종교가 달라서라고 했다. 나는 한 번도 아이에게 종교적인 이야기를 한 적이 없는데…

결국 카만가와는 만 4년의 기간을 채우고, 인연을 끊을 수밖에 없는 상황이 되고 말았다. 후원자가 여의치 않은 상황 때문에 후원을 끊는 경우는 봤지만, 나도 이런 경우는 처음이라 많이 섭섭하고 마음이 상했다.

여전히 그때 그날이, 험난한 도로상황과 한국인 여행객의 사망소식에 카만가를 보지 않기로 결정했던 그날이, 아프게 기억된다. 잊히지 않고 두고두고 후회라는 이름으로 내게 되돌아온다. 그때, 내가 위험을 무릅쓰고 아이를 보러 갔더라면 이렇게 쉽게 인연을 놓을 수 있었을까.

다시, 조이홈스로

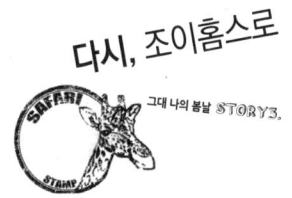

말라위로 들어가지 못하게 되자, 획과 나는 남은 2주일 정도의 시간을 어떻게 써야 하나 고민하게 되었다. 사실은 말라위를 포기함과 동시에 둘 다 똑같은 마음으로 가고자 했던 곳이 있었다.

'다시, 조이홈스.' 울고불고 눈물의 이별식을 했었기에 다시 돌아가기 쑥스러웠지만 지금 이순간 가고 싶은 곳! 하면 아프리카의 그 어떤 명소도 아닌, 전기도 들어오지 않는 메마른 땅, 작은 학교 조이홈스였다.

안티에게 전화를 걸었다. "우리 다시 돌아가도 돼요?"

"오브코오스!"

안티의 밝은 목소리에 우리는 다시 그 공포의 국경을 버스로 넘어갔다. 두 번 다시 타고 싶지 않았던 버스를 또 타면서 그때 겪었던 악몽을 재생해야 했지만. 신기한 것은 케냐에서 탄자니아로 넘어갈 때의 버스 풍경은 생생하게 기억나는

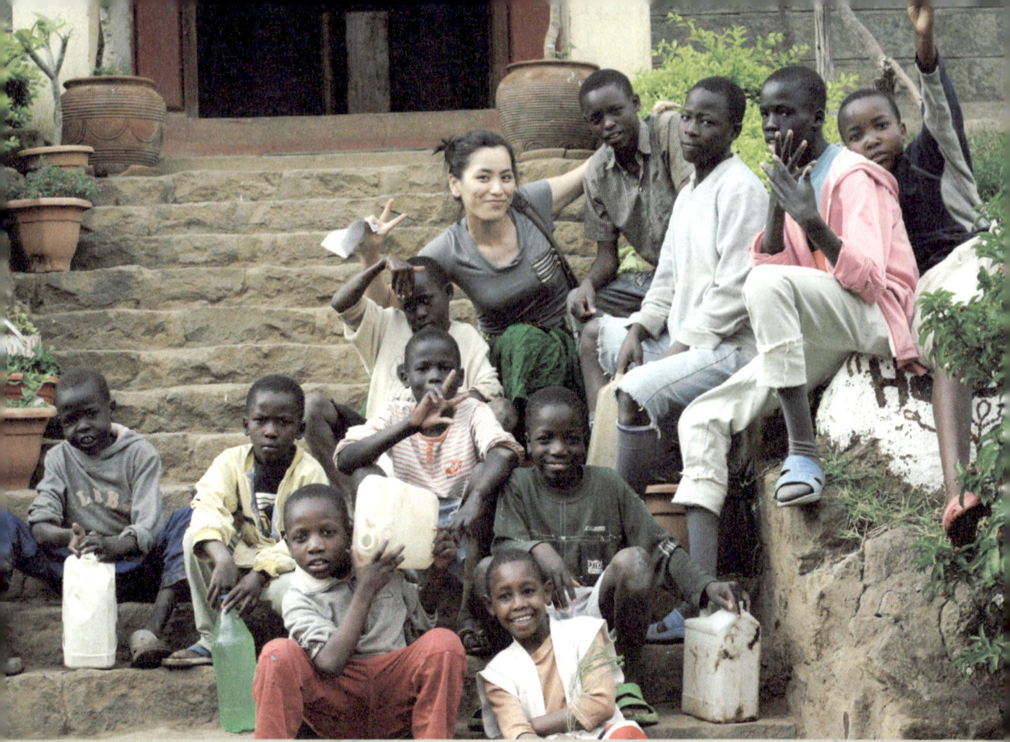

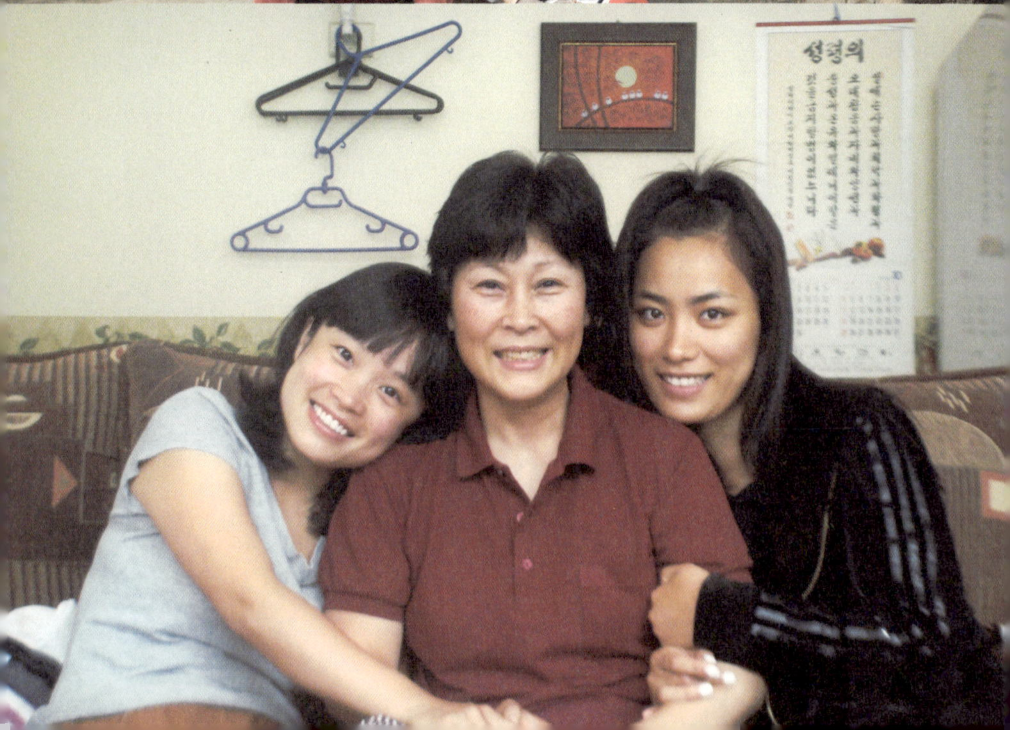
성경의

데, 다시 조이홈스로 돌아올 때의 국경 버스는 아무리 기억하려고 해도 기억이 나지 않는다. 그리 힘들지 않았던 여정인가 보다.

그래, 떠난 지 2주 만에 다시 조이홈스의 품으로 돌아간다.

탄자니아보다 더럽고, 시끄럽고, 복잡한 케냐 나이로비 시내로 돌아오니, 아~ 다시 아프리카로 돌아온 것 같은 느낌이 들었다.

내 입에서 아주 간단한 스와힐리어만 나와도 "와, 너 정말 스와힐리어 잘하는구나!" 하며 활짝 웃는 검은 얼굴의 사람들. 저 단단한 팔뚝에 대롱대롱 매달리고 싶은 마음도 들었던.

스와힐리어를 하면 아주아주 좋아하는 사람들이 신기했었는데, 그러고 보니 조이홈스의 큰아들 베나드 동이 얘가 한국어를 가장 잘 안다 "니콜, 안녕하세요?" "배고파요." "참 좋아요." "왜 그래?" 하면 나도 깔깔 웃으며 무척이나 좋아했었다.

다시 모두와 친해지는 친화력 끝발의 니콜로 돌아와 모르는 사람과 스와힐리어 몇 단어를 가지고 무슨 네 살 난 꼬마아이처럼 대화하기 시작했다.

다시 케냐에, 다시 나이로비에, 다시 조이홈스에 도착했다.

전기가 들어오지 않는 마이마히유에 처음 도착한 그 날처럼, 수박 치아들이 허공에 동동 뜬 까만 아이들과 깊게 포옹했다. 이젠 목소리만으로, 머리통만으로도 아이들을 구분하며 정확하게 아이들의 이름을 불러주었다.

때마침 아이들이 작은 호롱불을 켜놓고 예배를 드리던 참이라, 우리는 함께 예배 드렸고, 짧은 영어로 탄자니아에서의 생활을 들려주었다. 그리고 모두 한데

엉겨 붙어 2층 테라스에서 밤하늘을 바라보았다. 오늘 달빛이 퍽 밝아서 불빛 하나 없는데도 이른 새벽처럼 마이마히유의 전경이 눈에 들어왔다.
한국에 돌아갈 때 이토록 큰 하늘도 가져갈 수 있다면.
나도 모르게 조금씩, 돌아갈 생각을 하고 있었다.

니콜, 넌 참 좋은 심장을 가졌어

그대 나의 봄날 STORY 3.

비가 온종일 내리고 그 다음 날, 고아원 큰아이들을 따라 운동장에 땅을 고르러 나갔다. 5년째 말라붙어 있던 땅은 쉽게 물을 흡수하지 못했고, 모래와 함께 지대가 낮은 곳으로 잔뜩 쓸려 내려갔다. 그토록 기다렸던 비는 별 소득도 내지 못하고 다시 떠오른 뜨거운 태양 아래 흔적도 없이 사라졌다. 굵은 비가 멈추지 않고 몇 날 며칠을 내려야 제 구실을 한다는 것을 오래 메마른 땅을 보며 체득할 수 있었다.

케냐의 초등학교는 8학년까지다. 우리나라의 초등학교와 중학교를 합친 것이라 생각하면 되겠다. 그래서 초등학교를 마치면 바로 고등학교로 진학한다. 당시 내가 갔을 땐 유치원 교실 하나를 비롯해 5학년 교실까지의 건물만 있어서, 5학년까지 조이비전스쿨에서 학업을 마치면 다른 초등학교로 전학을 가야 했다. 3년이 지난 지금, 조이홈스에서 종종 오는 편지에는 8학년 교실까지 모두 지었다고 적혀 있었다.

우리나라처럼 시공사 찾고, 설계도 그리고, 건물 올리는 것처럼 모든 것을 완벽하게 갖춘 상태에서 시작하는 것이 아니라, 처음엔 판잣집 방 한 칸에서 열 살 차이 나는 아이들을 한데 두고 공부를 시키다가, 큰아이들이나 마을 사람들과 함께 땅 고르고 벽돌 올려서 1학년 교실, 2학년 교실 이렇게 몇 년에 한 번씩 증축했을 것이다. 고등학교 기숙사에 들어간 큰아이들이 방학을 하면 조이홈스로 돌아와 땅도 고르고 벽돌도 나르는 것이다.

6학년 교실이 들어설 운동장 한 켠을 평평하게 만들러 간 아이들. 사실 나는 아무짝에도 쓸모가 없었다. 딱딱한 땅을 삽으로 내리쳐 부숴뜨려야 하는데, 나는

오히려 그 반동으로 튕겨져 나갔다. 아이들은 그런 내 모습을 무척이나 재미있어 했다. 지나고 생각하면 이 아이들 눈에는 내가 얼마나 어리바리했을까. 영어도 못해, 스와힐리어도 못해, 삽질도 못해, 운동도 못해, 노래도, 춤도 못하니까. 그래도 끝내 열 번만 해보겠다며 '모자, 빌리, 타투 스와힐리어로 하나, 둘, 셋'하며 삽질을 해댔다.

그런 나를 바라보고 있던 아이들 중 하나였던 카존이 말했다.

"Nicole, you have a good heart."

나도 웃으며 말했다.

"You, too."

한국스럽게 잘 의역한 문장은 그냥 "니콜 너, 참 착해" 정도가 되는 말이겠지만, 새삼 영어가 참 예쁘단 생각이 들어 "너 참 좋은 심장을 가졌어"라는 말 그대로 받아들이고 싶었다.

좋은 심장, 내가 이 말을 듣기 위해 아프리카에 왔구나.

아프리카에 가고 싶다는 용기를 마음 깊은 곳에서 꺼내지 않았다면,

그래서 내 서른 번째 인생에서 두 달치의 월급을 빼지 않았더라면,

간절히 기다린 비가 만들어내는 아름다운 소리에 눈물 흘릴 수 있었을까.

만기가 아직 차지 않은 적금 통장을 이자가 아까워 깨지 않았더라면,

가지고 가고 싶었던 내 옷가지들을 빼고,

벽화 그릴 물감과 풍선과 축구공을 넣지 않았더라면

나는 이곳에서 "니콜, 넌 참 좋은 심장을 가졌어"라는 말을 들을 수 있었을까.

받은 사랑을 그대로

그대 나의 봄날 STORY 3.

까만땅콩도 두부도 한국으로 돌아가고, 획과 나만이 다시 돌아간 조이홈스는 처음 우리 넷이 함께했던 시간과는 사뭇 달랐다. 마주하는 공기도, 풍경도, 아이들의 소리도 달랐다. 사실 그것들은 변함없는데, 아마도 내 마음이 변했을 것이다. 하루하루가 너무 바삐 가기 시작했다. 돌아갈 날이 얼마 남지 않았다는 신호다. 그럴수록 더 아낌없이 사랑해야 하는데, 나는 그 사랑하는 마음을 잘 감당하지 못한다. 훗날 내가 더 상처받을까봐 붙잡고 싶은 마음, 사랑하는 마음이 삐져나올까봐 자꾸 내 마음을 동여매게 된다. 그래서 떠날 준비를 하고 있는 내 모습과 대면하게 된다.

받은 사랑 그대로 흘려보내야 내 마음이 썩지 않는 걸 알면서도, 물처럼 흘려보내는 일. 그게 하기 싫어서 난 얼마나 발버둥을 쳤는지. 서울에서 하던 버릇을

이곳에서 그대로 하고 있었다. 어릴 적 어떤 상처 때문에 내가 이러고 있는지, 난 아직도 알 수 없지만. 친화력이 최강이면서도 이면엔 내 모습을 정직하게 보여주지 않으려는 마음이, 그 친화력만큼이나 강해서 매번 나는 사랑에 실패하곤 했다.

오늘도 그저 사랑만 받기를.
오늘도 사람들이 내게 먼저 인사하기를.

그렇게 기도하는 나를
직면하고, 고치고, 가르치고, 달라지는 그만큼의 나를 이곳에서 체험하기를.
그런 생각을 하며, 바위 위에 누워 있는데 문득 '나, 케냐에 출판사를 차리고 싶다'는 생각이 들었다. 문맹률이 절반인 지역이라 책 읽는 문화가 없는 곳에 생뚱맞은 출판사. 가난한 나라에서 돈 벌려고 하는 사업보다, 가난한 나라에 자립적으로 일어날 수 있게끔 교육하고 싶다는 마인드 좋은 투자자를 만나서 현지인 직원을 채용하고, 스와힐리어로 된 책을 내는 거다.
책만큼 사람들을 단시간에, 쉽게, 진정성 있게 교육할 도구가 또 있던가.

그리고 문화공간.
빵굽는 설지혜, 요리하는 내 동생 부부, 글 쓰는 페페, 악기 잘 다루는 정은이, 그림 잘 그리는 정원이, 머슴처럼 일 잘하는 종빈이, 언어를 잘 하는 신영 언니, 이런 친구들이 있다는 의미는 내 문화공간에서 놀 아이들이, 무료로 이들에게 빵 굽는 법도, 글 쓰는 법도, 악기 다루는 법도 배우라는 뜻이 아닐까?
아직은 터무니없지만 정말이지 근사한 생각, 꿈….

다 알아들을 수 있도록

그대 나의 봄날 STORY3.

다시 조이홈스로 갔을 때, 낯선 한국인 남자 두 명이 와 있었다. 윤복이와 영준이. 우리가 떠나자마자 이틀 뒤에 조이홈스에 도착한 녀석들이다. 윤복이는 방송국에서 카메라를 잡는 친구인데, 이곳에서의 일을 영상으로 담아 다큐멘터리를 만들고자 하는 꿈을 가진 친구였고, 영준이는 부모님의 등쌀에 못 이겨 한국에서 쫓겨나다시피 하여 아이들에게 영어를 가르치러 왔다.

꿈을 가지고 온 윤복이와 달리, 영준이는 어느 면에서나 무기력해보였다. 윤복이는 쉬는 시간마다 아이들과 축구도 하고 친하게 지내려 노력하는 반면, 영준이는 콜라가 먹고 싶어 한국에서는 매일 1리터씩 마시곤 했단다 애들에게 심부름값을 주며 마이마히유 시내까지 나가 콜라를 사오게 할 때 외엔 말도 잘 섞지 않았다. 한국에서도 집에서 게임하면서 밖에도 나가지 않고 히키코모리처럼 지냈다 한다. 아들녀석이 항상 골칫거리던 찰나에 한국에 오신 조 선교사의 간증을 우연찮게 들었던 부모님이 억지로 이곳에 보낸 거였다.

윤복이나 영준이 둘 다 착한 아이들이었다. 단지 영준이는 자신이 무엇을 좋아하는지 잘 알지 못했기 때문에 겉돌고 방황한다는 느낌이 들었다.

나는 부러 영준이에게 자주 말을 걸었다. 앞으로 6개월을 이곳에 있어야 하는데 뭔가 빨리 적응하는 것이 좋을 것 같았기 때문이다. 내가 이곳에서 무척 많은 것을 얻은 것처럼 영준이도 그랬으면 좋겠단 생각이 들었다. 그래서 시시콜콜한 질문도 곧잘 했다.

"영준아, 영어로는 이 표현을 어떻게 해?"
"이건 이렇게 표현하면 될 것 같아요."
"영준아, 그럼 이건?"

"음. 글쎄요. 근데 누나, 누나는 한국말로도 애들이랑 대화 잘하시잖아요?"
그랬다. 나는 아이들과 이야기할 때 대부분 한국말로 이야기했다.
"그러게. 이상하다. 진심으로 말하면 한국말도 다 알아듣나봐."

그리고 나는 얼마 지나지 않아 한국으로 돌아왔고, 영준인 그 이후로 보지 못했다. 돌아온 뒤에도 한두 달에 한번씩 나는 조이홈스 소식을 메일로 전해 듣고 있는데, 얼마 전 조이홈스에 우물이 생겼단 기쁜 소식을 접했다.
그리고 사진 하나. 물이 퐁퐁 솟아나는 우물 앞에서 아이들과 마을 사람들이 함께 단체 사진을 찍었는데, 그 구석에 영준이도 있었다. 얼마나 밝게 웃고 있던지, 나는 일하다 말고 깔깔 웃었다.
그 웃음 하나로, 영준이가 얼마나 많은 것들을 마음에 채웠는지 알 수 있었다.

이제 정말로 안녕하자

이제 정말로 한국으로 돌아가는 날이 왔다. 맨 처음 조이홈스 아이들과 마지막이라고 생각했던 그날보다는 오히려 담담할 수밖에 없었다. 그땐 그저 헤어짐, 그 자체에 충실하느라 아무런 의미 없는 행동에서도 툭툭 눈물이 떨어졌다. 그러나 지금은 어제와 같이 똑같은 시간에 일어나고, 학교 가는 아이들의 옷깃을 바로 해주고, 바셀린을 발라주고, 그리고 산책하며 동네를 차분히 돌 수 있었다.
"니콜, 잠깐 라이브러리로 와줘"
닉손이 나에게 말했다. 아홉 살 닉손이 내게 쥐어준 조그만 편지에는 영어로 나에게 한국 말을 가르쳐주어 고맙고, 날 무척 사랑한다는 내용이 적혀져 있었다. 그리고 겉봉에는 삐뚤빼뚤한 한국어로
한 영 번 역
신 약 성 서

라고 적혀 있었다. 눈물이 나려다가 배꼽을 잡고 웃었다. 그냥 무슨 뜻인지도 모르고 적은 것 같은 한글. 나랑 공감대를 최대한으로 갖고 싶어 하는 어린 소년의 노력이었다.

나는 닉슨의 편지를 들고 여느 때처럼, 내 산책의 마지막을 장식했던 넓은 바윗돌 위에 엎드려 오로지 케냐 조이홈스에서만 들을 수 있는 소리들에 집중했다. 바람 따라 들렸다 안 들렸다 하는 조이홈스 아이들의 목소리. 안토니. 이건 모세의 목소리. 그리고 이건 옆집 아이린 목소리다.

"아, 좋다."

나도 모르게 혼잣말을 했다. 슬프지 않아 좋다. 아이들을 담담히 마음에 담아갈 수 있어 감사했다. 다시 이별하는 순간이 다가왔지만. 지금의 내 마음은 평온하다. 아이들도 그런 것 같다. 아이들에겐 오히려, "아, 니콜은 갔다가 두 번 다시 오지 않는 그런 친구가 아니구나. 다시, 다시 또 올 수 있는 친구구나" 이런 마음을 심어준 것 같았다. 그래서 아이들은 내가 언제고 돌아올 거라 확신하고 있었다.

첫 번째 이별할 때처럼, 선교사님의 무쏘가 우리를 태우러왔고, 우리는 아이들과 서둘러 이별한 다음 먼지가 풀풀 날리는 길로 들어섰다. 창밖으로 유독 휙을 따르고 좋아했던 알란이 울면서 차를 쫓아오는 모습이 스쳐지나갔다. 휙 역시 지난번처럼 서럽게 울지는 않았다. 담담히 손등으로 눈물을 슥, 하고 닦는 모습을 옆 눈길로 지켜보았다.

열병 가득 안고 한국으로 돌아올 줄 알았는데, 나는 생각보다 그렇지 않았다.

돌아오는 비행기 안에서 멀미를 하는 바람에 기내식에 거의 입을 대지 않았다는 것 외에는 모든 것이 담담했다. 다음 여행지에 동그라미를 치기 위해 다이어리 속 낡은 지도를 펼쳐 들었다. 다음 여행지는… 다음 여행지는, 그래, 아프리카. 다음에도 아프리카.

그렇게 다시 돌아갈 것을 아이들과 약속하며 다시 돌아가지 못한 지, 만 4년이 되었다. 아이들의 아버지와 안티는 간혹 한국에 들어올 때마다 만나고, 그 편으로 아이들에게 쓴 편지와 선물이 가고 있긴 하지만 정작 나는, 아이들이 가장 보기를 원하는 나는 돌아가지 못했다.

"언제 와?" 하고 아이들이 물을 때마다, 나는 "음. 2년 뒤?"라고 대답했지만, 2년은 참 순식간에 지나가고 나는 그 약속을 매번 지키지 못했다. 이 책이 아이들에게 큰 선물이 되기를. 내가 정말로 다시 돌아갈 때까지 이 추억이 그들에게 내 역할을 대신해주기를 바랄 뿐이다.

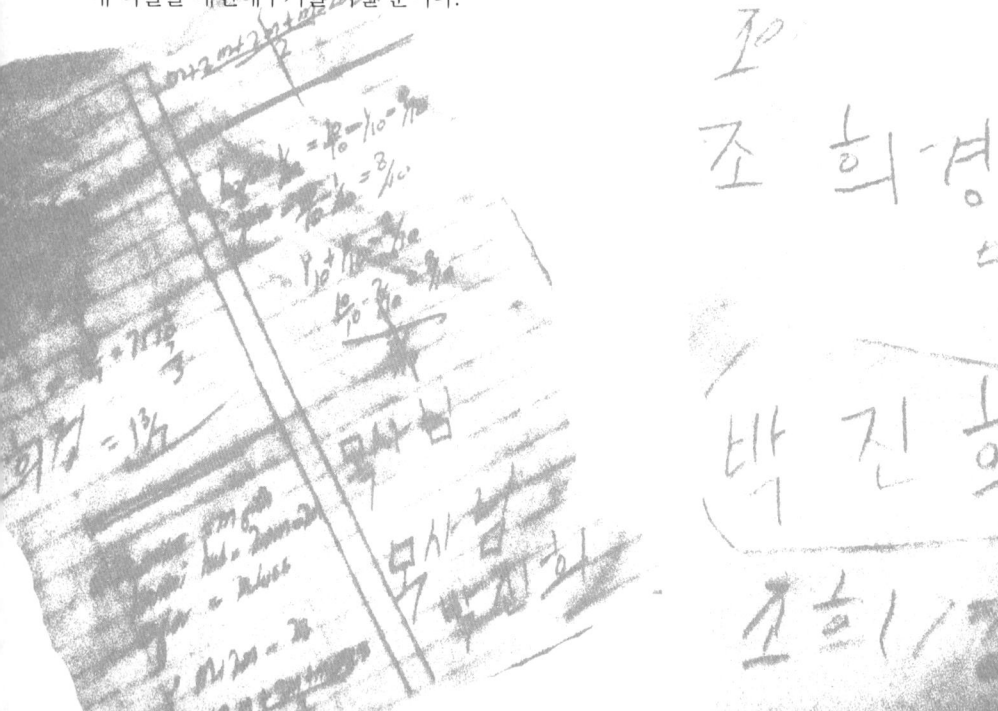

동그랗고 까만 머리 위에
아무렇게나 손을 척척 올리며
눈을 반짝이는 나의 아이들
나의 아이들아

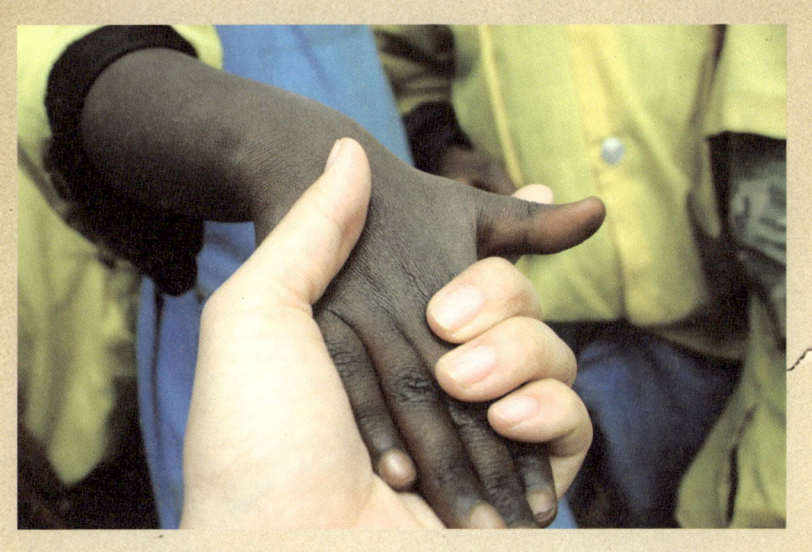

다시 너희의 손을 꼭 잡는 그날
그날을 기다리며 살게.
그렇게 하루하루를 살게.

천국 한 조각
내 아들 누엔 이야기

다시 고아원에 돌아간 뒤, 보지 못한 카만가에 대한 미안한 마음이 커지면서 둘째 아들을 입양할 생각이 들었다.
물론 나는, 결코, 절대, 돈을 잘 버는 사람이 아니다. 오히려 대한민국 평균 이하의 수입을 벌고 있을지도 모른다. 하지만 입고 싶은 옷 한 벌, 먹고 싶은 음식 하나, 갖고 싶은 물건 하나씩만 아낀다면, 아프리카에 있는 아이 하나가 밥을 먹고, 옷을 사며, 학교를 다닐 수 있는 놀라운 기적이 생기는 것이다. 그건 나와 아이가 함께 행복할 수 있는 일이니까.
그래서 나는 고아원 원장님과 상담한 끝에, 조셉 누엔이라는 아이를 선택하기로 했다.

누엔은 케냐가 아닌 수단 아이다. 내전이 잦은 수단에서 전쟁에 참전했던 아빠가 돌아가시고 엄마가 재혼을 하면서 마나, 토머스, 누엔 그리고 어린 창 이렇게 4형제가 케냐에 있는 조이홈스에 오게 되었다. 케냐 사람들과는 다르게 정직하고 올바른 수단 아이들은 이곳에서 사랑을 받으며 잘 지내고 있다.
나는 누엔이 좋았지만, 누엔이 나를 어떻게 생각하는지가 궁금했다. 그래서 케냐와 작별하는 날을 며칠 앞두고 살짝 누엔에게 가서 물어보았다.

"누엔, 네가 초등학교를 졸업하고 고등학교를 가고, 대학교를 갈 때까지, 내가 널 후원하고 싶어. 나에게 엄마가 될 기회를 주겠니?"
누엔은 깜짝 놀라며 반색했지만, 이내 표정을 거둬들이고는 잠시 생각한 뒤 내게 조심스럽게 말을 꺼냈다.

"니콜, 음… 토머스(누엔의 손윗형)는 어때요? 그 말을 듣는 순간, 마음이 따뜻해지면서 이 아이를 내 둘째 아이로 입양해야겠다는 확신이 들었다. 배움의 기회, 소유의 기회가 절대적으로 부족한 이곳에, 그래도 먼저 형에게 기회를 양보하려는 생각을 한 누엔은 이미 내게 최고의 선물인 것이다. 돌아오는 날, 누엔을 꼭 껴안으며 다시 만날 때까지 건강하게 고아원 아버지 말을 잘 듣고 지금처럼 모든 일에 성실할 것을 당부했다. 고작 한 달에 3만원을 후원하면서 엄마 노릇을 하려고 하는 모습이 조금 부끄럽긴 하지만, 몇 만 원보다 더 소중한 무언가가 있음을 나는 안다. 정말 이 아이가 대학교를 가고 어엿한 성인이 되어 취직을 하고, 그 돈으로 또 누군가를 도울 줄 아는 멋진 사람으로 자랄 때까지 인연의 끈을 놓지 않는 것. 끝까지 응원해주는 것. 그리고 기도해주는 것.

한국으로 돌아오는 비행기 안에서 나는 다시 낡은 지도를 펼쳐놓고 굵은 매직으로 다음에 내가 가고 싶은 나라에 동그라미를 쳤다. 그곳은, 다시 아프리카. 이제 그 어떤 곳도 가지 않아도 될 만큼 내 마음에 깊이 들어온 검은 땅 아프리카였다. 아프리카에서 돌아온 지 일주일 만에 다시 새 직장에 들어갔고, 첫 월급날 나는 적금 통장을 만들었다. 그리고 사인펜으로 진하게 썼다.
<다시, 아프리카>라고.

"하늘과 땅 밖에 없는 이곳
그러나 하늘과 땅으로 이 거대한 곳이 가득 차 있어서
다른 곳이 들어올 틈이 없다.
다른 것 아무것도 없어도
가장 아름다운 것을 가졌잖니.
이 큰 땅이
어디서 어떻게 걸어오는지도 모르는
200명의 아이들 소리로 가득 차 있잖니."

제 갈 길에 충실한 우리 가족

그렇게 두 달간의 아프리카에서의 삶을 뒤로 하고 인천 공항에 도착했다. 늘 그렇듯 한국으로 돌아오는 비행기 안에서 나는 쉬 잠을 자지도 음식을 먹지도 못했다. 출국할 때는 그렇게 맛나던 기내식이 이상하게도 돌아오는 비행기 안에선 냄새조차 맡지 못할 정도로 멀미를 했다.

그렇게 도착한 인천 공항에서 그간 한 번도 연락 못한, 딸내미가 살았는지 죽었는지도 모른 채 그저 무소식이 희소식이겠거니 생각하며 살고 있을 부모님께 전화했다. 엄마는 전화를 받지 않았다. 아빠에게 전화해 엄마의 근황을 물으니 아마도 운동하느라 전화를 못 받을 거라고 말했다. 피식, 웃음이 났다. '우리 식구 잘 살고 있구나!' 각자의 삶을 가장 소중하게 여기며 각자의 길을 가고 있다는 생각이 들어 오히려 감사했다.

공항에서 바로 리무진을 타고 대구로 향할까 싶었는데, 엄마가 전화를 받지 않아 일단 자취방으로 왔다. 한국에 도착한 지 서너 시간이 지나서야 엄마와 통화를 할 수 있었다. 이직할 회사는 일주일 뒤 출근이기 때문에 고향에 갈 생각이었다. 그런데 우리 엄마, 내 전화를 받자마자 이렇게 말했다.

"아프리카에서 신종 플루 같은 거 옮겨온 거 아니가?"
"엄마, 내 케냐에서 두 번이나 병원 가서 체크 받았다. 말라리아도 플루도 안 걸렸거든?"
"그래도 모리는 일이다. 그냥 대구 오지 마라. 일주일간 집안에 처박혀 있는 게 남 도와주는 기다."
"…알았다. 카면 내 안 간대이. 당분간 회사 댕기느라 바빠서 대구 내려가지도 못한다."
"알았다. 그라고 선물은 사왔재? 선물은 택배로 부치라."

석 달간 아프리카에 다녀온 큰딸과 이렇게 대화하는 쏘쿨한 맘. 결국 나는 일주일 동안 집안에서 혼자 시차 적응하고 출근했다.

매일 접시를 깨는 못난이를 벗다

출근 후 몇 달간은 정신을 제대로 차리지 못했다. 처음 하는 일도 아닌데, 누구 하나 나를 살갑게 가르쳐주는 이 없이 매번 잘못한 일만 크게 부각된 채로, 매일 접시를 깨뜨리는 식당 막내처럼 불안한 눈빛을 보내며, 눈치를 보며 살았던 것 같다. 제목 짓기도 카피 쓰는 것도 어떻게 해야 할지 몰라 매번 결재를 받지 못하고 집으로 돌아와 침대 위에 몸을 던지며 엉엉 운 적도 많다.

이곳에서 편집하게 된 첫 책은 맥스 루케이도 목사님의 책이었다. 원서의 제목은 'FEARLESS'인데, 이것을 뭔가 한국어로 딱 표현하기가 굉장히 힘이 들었다. 모든 출판사가 그렇듯 제목을 목숨처럼 중요하게 여기기에 나는 쉽게 제목 컨펌을 받지 못했다. 몇 차에 걸친 제목회의로 인해 자신감이 매우 약해져 있던 어느 날, 온라인 서점 사이트에서 여러 책을 검색하다가, 조심스레 '아프리카'라고 검색창에다 쳐보았다. 유명한 저자부터 시작해 별로 이름 없는 작가의 아프리카에 관한 책들이 좌르르 떴다. 그들이 유명하든 그렇지 않든 공통점이 있었다.

한비야마저도 7년간의 오지여행을 접고 아이들을 위해 자신의 몸을 아낌없이 쓰겠다고 맘 먹은 것은 아프리카 땅에서였다. 아프리카 땅은 사람의 마음을 변화시키는, 참 신기한 곳인 것 같다.

아프리카, 아프리카… 입술을 오물오물거려 뱉아낸 네 글자는 한비야뿐만 아니라 부족한 나마저도, 이렇게 키 작고 못난 나마저도 그 검고 드넓은 땅을 품을 수 있게끔 마음을 넓게 만들어주는 것 같다. 나는 다시 마음을 가다듬고 제목 짓기에 다시 몰두했다. 피어리스가 원서 제목이었던 루케이도의 책은 한국어판에서『인생의 어떤 순간에도 하나님은 너를 포기하지 않는다』라는, 엄청나게 긴 제목으로 세상에 나왔다. 그리고 그 해 기독교 서적 중에 베스트셀러가 되었다. 지난하고 괴로웠던 이 시간은 지금도 내게 잊히지 않는 귀한 순간이 되었다.

살면서 뭐 이런 이들이 한두 번이었을까. 나는 순간순간 위기가 찾아올 때마다 두고 온 아프리카 아이들을 생각했다. 아프리카의 기억은, 다시금 서울 생활에 적응하는 나에게 정말 큰 힘이 되었다. 내가 지금 이 순간을 잘 견뎌야 다시 그곳에 갈 수 있는 기회가 찾아올 것이다. 이 정도로 포기하거나 중도하차하는 것은 참 어리석은 짓이다. 그렇게 나를 다독이며 조금씩 적응해가던 시간. 그렇게 5년이라는 시간이 흘렀다.

지금은 뭐. 아주 활개를 치며 이곳에서 즐겁게 일하고 있다.

다시 내 꿈을 잘 관리하는 일
그대 나의 봄날 STORY4.

아프리카를 다녀온 뒤 매해 여름이 되면 나는 며칠씩 아프리카 앓이를 했다. 몇 년째 바뀌지 않고 있는 컴퓨터 배경화면을 멍하니 바라보기도 했고, 홈페이지와 오마이뉴스에 올렸던 내 글을 찾아 읽기도 했다. 출국했던 날 즈음이 되면 우리 넷은 바쁜 일을 제쳐놓고 서울 한가운데 모여 아이들 이야기를 하기도 했다.

하지만 몸이 멀어지면 마음도 멀어진다고. 시간이 지나자 매달 전화하기로 했던 누엔과의 약속은 어느 순간 시차를 맞추지 못했다는 핑계로 자주 빼먹기 시작했고, 매일 조이홈스 아이들을 기억하는 시간도 줄어들었다. 특별한 날이 되면 더욱 내 전화를 기다렸던 누엔은 매번 울먹거리며 안티에게 "니콜에게 전화 한번 해주면 안 돼요?"라고 사정하고 부탁했었다는 말을 뒤늦게 안티에게 듣고 마음이 너무너무 아팠다.

워낙 건망증이 심하고 과거의 일을 잘 기억하지 못하는 나는 매번 그렇게 현재의 일에 충실하다가 실수하는 일이 잦았다. 나의 무심한 행동이 내 마음을 대변하는 것은 아니었지만, 게으름과 바쁜 일 때문에 나는 알게 모르게 맘껏 사랑했던 아프리카에 상처를 주고 있었던 것은 아닌지, 그런 회의가 들 무렵이었다.

MBC 창사특집 〈코이카의 꿈〉

"니콜, MBC에서 특별 기획으로 〈코이카의 꿈〉이라는 다큐멘터리를 제작하는데, 참가할 일반인을 모집하고 있어. 각 나라별로. 아프리카도 있던데?"

뒤늦게 같은 사는 친구의 말을 접하고 얼른 MBC 홈페이지에 들어가 보았다. 국가에서 지원하는 청년해외봉사단(Koica)과 MBC가 함께 여섯 개의 나라에 가서 한 달 동안 코이카에서 하는 일들을 직접 체험하고 그것을 다큐로 제작해 방송하는 프로그램이었다. 각 나라마다 방송인이 참석을 하고, 함께 갈 단기 봉사자들을 공개로 모집하여 서류심사와 면접을 거쳐 뽑는다고 되어 있었다. 눈이 번쩍 뜨였다.

마감 바로 전날이었다. 아프리카에는 단 한 나라, 에티오피아가 눈에 들어왔다. '회사 생활을 하고 있는 내가 과연 한 달의 휴가를 낼 수 있을까?'라는 고민은 아주 잠시. 그건 합격하고 나서 생각해도 될 문제가 아니던가. 누워 자려고 이불까지 뒤집어 썼던 나는 어느새 노트북 앞에서 정자세로 미친 듯이 지원서와 자기 소개서를 쓰고 있었다.

7,070명이 지원을 했단다. 서류전형에서 다 떨어뜨리고 680명을 뽑고, 거기서 단 45명을 다시 면접과 체력 검사로 다시 추려낸다고 했다.
서류전형에 그만 덜컥, 합격을 하고 말았다.
'회사에서 나를 한 달간 보내줄까?' 그때 그 걱정과 고민이 물밀 듯 밀려왔지만, 일단 밀어내기로 했다. 아직 최종면접 남아 있으니까 면접 합격하면 그때 고민하자. 대신 나는 최선을 다해야겠다고 생각했다.
경기도 용인에 있는 코이카 본부에서 있을 면접은 딱 일주일 뒤였다. 각 나라에 참석하는 방송인들이 직접 면접을 보고, 500미터 오래 달리기 체력시험이 있었다. 2분 40초 안에 500미터를 뛰고 들어와야 하는 다소 쉬운 체력시험이었다. 나는 오랜만에 심장이 뛰었다. 점점 멀어지던 아프리카에 대한 갈망도 다시 샘솟는 기분이었다. 시험을 앞두고 떨리는 수험생이라기보단, 마치 데이트를 준비하는 여자처럼 셀레는 기분이 더 컸다.
나는 퇴근을 하고 일주일 동안 그토록 좋아하는 약속도 잡지 않고 집으로 직행해 매일 근처 초등학교 운동장을 뛰었다. 운동장 한 바퀴를 100미터라 생각하고 다섯 바퀴를 뛰고 시간도 재보았다. 2분 40초 안에 쉽게 들어올 수 있을 것 같았다.

이렇게 재미있는 면접은 처음이야!

드디어 면접 날, 양재역에서 응원 차 온 친구 미지와 함께 코이카에서 준비해준 버스를 타고 본부로 들어갔다. 면접장소는 야외였다. 푸른 숲속에서 펼쳐지는 면접이라니! 8월의 뜨거운 여름이었지만, 정말로 기분 좋은 면접이었다.

그 중에서도 내가 지원한 에티오피아 부스는, 뭐랄까 아주 신나는 축제의 현장 같았다. 이 100명 중에 단 15명만이 선택되는 자리였지만, 사실은 '우열'을 가리는 곳이 아니라는 것을 그 누구보다 잘 알고 있는 사람들 같았다. 우리는 금세 친해졌고, 면접을 보러 들어가는 자들을 박수로 환영했다. 다들 서로를 경쟁 상대로 생각하기보단, 지금 이 순간을 즐기러 온 것 같았다. 특히 나이가 지긋한 아저씨들이 면접을 보고 나오면 누구보다 더 크게 환호성을 질러주었다.

대부분의 면접자들은 20대 초반의 학생이었다. 그 특유의 발랄함으로 한복을 입고 온 아이, 한체대 도복을 입고 온 아이, 자기가 스스로 제작한 에티오피아 티셔츠까지 맞춰 입고 온 아이, 팔에 깁스하고 온 아이, 봅슬레이 선수까지. 나도 본연의 입장을 잊고, 그들을 구경하느라 아주 신이 났다. 정말 에티오피아 부스는 단체로 소풍 온 사람들 같았다.

거의 유일해보였던 30대인 나도 뭔가 준비를 해얄 것 같아서, 나는 배운 지 한 달도 안 된 우쿨렐레를 들고 갔다. 슈퍼스타K도 아닌데 말이다.

에티오피아 면접관은 7명이었다. 그중에는 에티오피아를 이미 다녀와 본 박상원 아저씨도 있었다 세네갈 팀엔 김영희 피디도 앉아 있었다.

세 명씩 들어갔던 면접에서의 시간은 9분이었는데, 우리 팀이 제일 길었다고 한다 같이 간 미지의 말로는 20분은 더 걸린 것 같다고^^. 지금 생각하면, 나의 특장점을 너무 이야기 안 한 것 같아 아쉽긴 하지만 버벅대지 않고 후회 없이, 나의 이야기를 조곤조곤 잘 전했다. 물론 손가락은 우쿨렐레 칠 때 완전 부들부들 떨렸지만 모두 박수치며 즐거워해줬다. 이제는 기억조차 가물가물하지만, 마지막으로 박상원 아저씨가 내게 했던 말은 아직도 기억에 남는다.

박상원 : 박진희 씨, 해외 아동 결연을 맺고 있네요.
나 : 네. 케냐에 큰아들, 방글라데시에 작은딸이 있습니다.
박상원 : 그럼 미혼이 아니라 기혼이네요. 왜 지원서에 거짓말을 합니까? 하하.
나 : 아, 제가 다 있는데, 남편만 없네요. 하하.

비록 오래 달리기는 3분 50초에 들어와서 합격과는 거리가 완전히 멀어졌다. 코이카의 체력시험장은 평지가 아니라 엄청난 오르막이었다. 그렇지만 나 정말 오랜만에 뭔가 근사한 일, 혹은 꿈과 마주한 하루였다.

그리고 일주일 뒤, 터질 것 같은 심장을 부여잡고 MBC 홈페이지에 들어갔다. 합격자 명단엔 내 이름이 없었다. 회사에 어떻게 말하지, 했던 고민이 물거품처럼 사라지는 순간이었다. 사실 내가 합격할 줄 알았는데. 하하. 후회나 미련 따위 없었다. 결과도 상관없었다. 나는 이제 잊고 있었던 꿈을 끄집어냈으니 다시 잘 관리하는 일만 남았을 뿐이다.

나를 변화시킨 아프리카

그대 나의 봄날 STORY 4.

아프리카 이후 만난 새터민 아이들

내가 다니는 교회는 건물이 없다. 건물 지을 돈으로 사회 봉사활동을 많이 하는 교회다. 대구에서 올라와 처음 선택한 이 교회는 7년이 지난 지금까지 늘 한결같은 모습으로 나에게 감동을 주고 있다. 나를 위한 일이 아닌 남을 위해 하는 여러 일들을 교회에선 '사역'이라고 부른다. 이 교회에는 사역이 참 많다. 매달 서울역 근교의 쪽방촌을 돌아다니며 도배를 하는 사역도 있고, 미혼모 가정의 아이를 돌보는 사역, 쪽방 아이들과 함께 노는 사역, 독거노인들에게 말벗이 되는 사역, 외진 곳 가난한 주민들에게 무료로 진료해주는 사역, 난민들과 만나는 사역 등 사역이 무궁무진하다.

아프리카에서 돌아오자마자 일 벌이기 좋아하는 높은뜻 푸른교회 김일회 목사님이 다짜고짜 "야, 너 나랑 사역 하나 개척하자." 하셨다.

나는 "저… 저는 교역자가 아니라고요." 하면서도 금세 눈알을 반짝이며 "어떤 거요?" 하고 물어버렸다.

박스 공장에 취직한 새터민 탈북하여 우리나라에 터를 잡은 사람들 자녀들을 한 달에 한 번씩 만나 함께 놀아주는 사역이었다. 이 교회에서 새터민들의 일자리 확보를 위해 공장까지 차린 것이다. 그래서 새터민들 사역이 하나 늘었다. 일하느라 바쁜 새터민들을 위해 아이들의 일일 부모가 되어주는 역할이다. 교회에서 탈북 중에 중국에서 아이를 가져 한국으로 건너와 대한민국 국적을 가졌지만, 아이들은 귀신 같이 안단다. 그래서 가끔은 탈북자, 북한사람이라고 꽤나 놀림 받는 초등학생들을 만나기 시작했다. 아이들을 만나기 전, 함께 사역에 동참할 사람들을 모으기 시작했다. 먼저 늘 나에게 조언자가 되어주는 지혜로운 정원이, 운율이 오빠 커플 지금은 행복한 부부가 되었다 과 평소에 북한 아이들 교육에 관심이 있는 유치원 원장님 은정언니가 생각이 났다. 차례로 연락을 했고 그들은 흔쾌히 사역에 동참하겠다고 말했다. 특히 은정언니의 답변은 내게 큰 힘이 되었다.

"소름 돋을 정도로 고대했던 사역이야! 그런데 그 사역을 내가 정말 좋아하는 사람과 해서 더욱 기뻐."

빛은 어둠을 덮을 수 있다. 방향을 정확하게 맞췄다면 나는 그 어둠을 덮을 힘을 모아야 한다. 내가 해야 할 일이 정해졌고, 일은 순조롭게 진행되었으며, 이 사역은 지금 4년째 '구름다리'라는 이름으로 이어져 오고 있다. 지금은 사역리

더에서 물러나 있긴 하지만. 함께 아쿠아리움도 가고, 체육대회도 열고, 영화도 보고, 놀이동산도 갔다. 또 그렇게 아이들을 만난 지 4년이 훌쩍 넘었다. 초등학교 입학을 두고 있던 아이들이 벌써 고학년이 되어서 나보다 훨씬 키가 큰 녀석들도 있다.

비록 한 달에 한 번 만나지만, 가끔 녀석들의 일기장에 내 이름이 보이곤 하면 말할 수 없이 행복해지곤 한다. 가끔씩 아이들의 부모님과도 문자메시지로 인사를 나누곤 했었는데, 소향이(가명)가 정말 좋아한다고, 우리 선생님들 정말 좋다고 매주 만났으면 좋겠다고 그런다는 메시지를 받을 때면 나는 코끝이 찡해지면서 눈물이 난다.

술 취해 한 말이 아니었구나!

내가 몸 담고 있는 회사에는 독특한 문화가 있다. 매일 아침 모든 직원들이 회의실에 빙 둘러서서 스탠딩 조회를 한다. 아침 스트레칭을 하고, 공지사항을 이야기하고, 가끔씩 생일 축하도 하고… 그리고 1분 스피치라는 것을 한다. 매일 너댓 명씩 자유롭게 1분 동안 이야기하는 것이다. 2주에 한 번씩은 내 차례가 돌아온다. 그렇게 아이들과 만난 지 1년쯤 되었을 때 나는 회사 1분 스피치 때 이 새터민 아이들과 만나는 이야기를 한 적이 있었다. 그리고 얼마 뒤 회사 회식 자리에서 제작부 박과장님이 술에 잔뜩 취해 내게 "나도 그 봉사활동 가고 싶어요" 그랬다.

나는 처음에 그가 꼬장 부리는 줄 알았다.

술이 깨고 나면 크리스천이 아닌 그는 지금의 순간을 잊어버리고 싶겠지, 해서 다음에 마주쳤을 때도 별말 하지 않았는데, 이번엔 맨정신으로 다시 한 번 이야기하는 것이다. 그렇게 새터민 아이들과 만난 박과장님 거의 2년 동안 빠짐없이 이 사역에 참석했다. 가끔씩 교회 청년들과 어색할까봐 걱정도 많이 했지만, 열심히 성실히, 그리고 즐겁게 아이들을 사랑하는 모습에 매번 감격하게 된다.

오마이뉴스는 사랑을 타고

그렇게 내 삶은 조금씩 변화하고 있었다. 〈오마이뉴스〉에서 아프리카의 이야기를 연재했는데, 그때 참 놀라운 일들이 많았다. 사람들이 쪽지로 나와 같은 일을 하려면 어떻게 해야 하나 묻기도 하고, 인터뷰 요청이 들어오기도 했다. 그리고 실제로 우리 회사 박과장님처럼 와서 쪽방 도배를 한다든지, 새터민 아이들과 만나는 일도 있었다. 글이라는 것은 이렇게 힘이 있었다. 간접적인 경험 역시 귀한 것이었다. 회사 일을 하면서 또 글을 쓴다는 것은 정말로 어려운 일이다. 그러나 이렇게 작고 사소한 일이 누군가의 선한 행동으로 이어진다면, 나는 글 쓰는 일을 '소명'이라 생각하고 어려워도 끝내 해야 하는 일임을 다짐하게 된다.

처음에 아프리카를 갈 때, 가졌던 마음을 기억해본다. "내가 가서 아프리카를 완전히 바꾸고 오겠어!"라는 거창하고 원대한 꿈이 아니라, 나로 인해 이 사람들이 10분 정도만 삶에서 더 웃는 시간이 늘어났으면 좋겠다 하는 아주 소박한 마음으로 시작한 걸음이었다. 앞으로의 내 걸음도 그렇게 소박한 걸음이기를 바란다. 내 삶의 한 조각이 한두 명의 마음을 콕콕 찔러 또 다른 작은 실천을 만들 수 있는. 그것으로 충분하다.

감사는 얼마나 작은 데서 오는지
그대 나의 봄날 STORY 4.

작은 곳에서 출발한다

언젠가 쪽방 아이들을 데리고 1박 2일로 MT를 간 적이 있었다. 교회 청년들이 오천 원씩 만 원씩 모아 매달 행사하던 사역이었기에, 1박 2일로 행사를 하기에는 재정적으로 곤란한 상황이었다. 그때 선뜻 도움을 주신 분이 있다. 이세영 천문대장님, 지금은 우리가 '큰옵빠'라고 부르는, 서른 살 차이나는 나의 친구. 그를 알게 된 것은 2006년, 내가 월간 《사과나무》에서 석 달 남짓 일했을 때였다. 우리나라 최초의 사설천문대 코스모피아 천문대장이었던 그를 인터뷰하면서부터였다.

경기도 가평 현리에서 한 시간 간격으로 있는 상판리행 버스를 단 몇 분차로 놓쳤다. 평상시 같으면 발을 동동 굴리며 짜증 냈을 텐데, 마음의 여유는 도심과 멀어진 거리만큼 커지나보다. 좁은 복도에 벤치 하나가 전부인 터미널에서 느긋하게 버스를 기다렸다. 오랜

기다림 끝에 탄 버스 안에서 우리만 '이방인' 이었다. 버스 기사는 정류장 표지판이 없어도 승객 하나하나의 '집 앞'에 정확히 세워주었고, 행여 길 건너편에 집이 있으면 '조심해서 길 건너라'는 당부까지 했다. 쌀 한 포대를 들고 탄 할머니가 내릴 때 집 앞까지 쌀을 배달해주던 버스 기사는 이방인인 우리에게도 하차장소를 미리 가르쳐주며 아낌없이 친절을 베풀었다.

버스에서 내려 10분 정도 코스모스 길을 따라 올라가면 '코스모피아'가 있다. 천문대 마당에 들어서기도 전에 시끌시끌한 소리가 먼저 들렸다. 저녁식사 시간을 기다리며 식당 앞에서 떠들고 있는 스무 명 남짓한 개일초등학교 과학반 아이들이었다. 그 뒤로 필리핀에서 방금 돌아왔다는, 너무 피곤한 나머지 인터뷰를 깜박하고 서울 집으로 가다가 돌아왔다는 이세영 선생님의 얼굴이 보였다. '사과나무'라는 잡지 이름이 예쁘다는 이유만으로 인터뷰 요청을 흔쾌히 받아들인 별지기와의 1박 2일 대화는 그렇게 시작되었다. 식사를 막 끝낸 푸르스름한 저녁, 곧 서산으로 진다는 목성을 보기 위해 아이들이 망원경 앞으로 모여들었다. 6억 킬로미터가 넘는 거리에 있는 목성이 눈앞에 동그랗게 나타났다. 오늘은 날이 좋아서 육안으로 볼 수 없는 여러 가지 별들을 접하게 될 것이니 벌써부터 놀라지 말라며 이세영 선생님이 우스갯소리를 했다. 이제 곧 과학반 아이들을 데리고 강의를 한단다. 우리도 아이들 속에 묻혀 강당으로 들어갔다.

스크린 영상을 보여주며 시작된 그의 강의에 넋을 잃었다. 한 시간 반이 어떻게 지나갔는지 모를 정도였다. 강의가 끝나고 불이 켜진 뒤에는 손바닥과 메모장에 나도 모르게 휘갈겨 쓴 강의 내용들이 적혀 있었다. 강의 도중 그가 질문하면 곧잘 대답하는 녀석들도 있었다. 별에 대한 내 지식이 초등학교 5학년에도 못 미치는 것 같아 나는 자괴감에 빠졌다. 과학시간, 성단, 은하, 몇 광년 등 지리멸렬하기만 했던 단어들이 나이가 든 지금에서야 재미있어지는 것은 어떤 이유일까?

별 보는 시간이 한차례 더 이어졌다. 간간이 하늘에 선을 그으며 사라지는 별똥별과 큰 길을 내며 뻗어 있는 은하수는 망원경에 눈을 갖다 대지 않아도 볼 수 있었다. 보는 동안 내 마음을 사로잡은 별이 있었는데, 백조자리에서 백조의 눈에 해당하는 '알비레오'와 가장 밝게 빛나는 '직녀성'이다.

알비레오는 망원경을 통해서 보면 두 개의 별로 이루어져 있는데 하나는 오렌지 빛이고, 또 하나는 초록빛이다. 직녀는 육안으로 보기에도 밝은 별인데 망원경으로 보면 눈이 부셨다. 나는 보석처럼 반짝반짝 빛나는 직녀성에 한동안 매료되어 있었다.
땀을 뻘뻘 흘리면서 천문대에 도착했는데, 밤이 깊어지니 날이 무척 차가워졌다. 내가 아이들과 함께 별에 푹 빠져 있는 동안, 그는 눈을 잠깐 붙이고 왔는지, 머리에 까치집을 짓고 마당으로 나왔다. 밤 열한 시, 와글와글했던 과학반 아이들이 숙소로 사라지고 나서야 그를 마주할 수 있었다. 미리 얼려놓은 맥주 한 짝과 함께.
천문학을 전공하신 건가요, 라는 물음에 그는 손을 휘휘 저었다. 10년 전, 그는 그냥 별을 좋아하는 평범한 샐러리맨이었다.
"아까 우리 식당 아줌마들이 가꿔놓은 꽃밭 봤죠? 100가지가 넘는 꽃 종류들이 있지만, 아줌마가 식물학자는 아니에요. 그거랑 똑같아요. 별을 좋아하지만, 천문학자는 아니죠. 천문학자는 이름 모를 별 하나만 평생을 붙들고 살아야 되는 사람이죠. 나는 그들이 발견해놓은 것들을 하나하나 익히는 것을 취미 삼을 뿐이에요."
그는 '그냥' '좋아서' 라는 말을 많이 쓰긴 했지만, 얼마나 오랫동안 준비하고 계획했는지는 '그냥' '좋아서' 뒤에 흘러나오는 말들을 통해 알 수 있었다. 좋은 직장을 그만두기부터가 어려운 결정이었다. 그만두려고 생각하면 직장에서 되레 좋은 점수를 받곤 하는 것이었다. 몸담고 있었던 별 관측 동호회인 '별 부스러기'에서 배운 많은 별자리와 별의 이름들을 남들에게도 보여주고 싶다는 생각이 커져만 갔다. 마침 그의 아버지가 소유하고 있던 땅은 별보기에 최적의 장소였다. 그는 치밀하게 계획을 세웠다. 그 계획대로 1988년에 우리나라에서는 최초라고 할 수 있는 사설 천문대가 세워졌다. 천체 관측을 할 수 있는 돔을 세우고, 천체 투영실도 지었다. 가족 단위로 별을 보고 쉬어가면 좋을 것 같아서 작은 숙소도 마련했다. 숙소의 벽지조차도 하나하나 신경 썼다. 벽면마다 다른 색깔의 벽지를, 천장은 야광별 벽지를 썼다. 10년이 된 건물이 지금도 새것처럼 깨끗하다. 이제는 우리나라에 50개가 넘는 천문대가 생겼지만, 여전히 규모 있고 알찬 프로그램을 자랑하는 곳은 그가 지은 '코스모피아'가 최강이다. 가족 단위에서 더 발전해 학교 단체가 이곳을 찾게 된 이유도 '엄마'들의 '까다로운' 눈에 들었기 때문이다.
"대형버스를 대절해서 울산 학부형들이 몰려온 적이 있었어요. 그 중 단연 눈에 띄는 한 엄마가 있었는데, 내리는 순간부터 초지일관 굳은 표정으로 경관들을 훑어보았죠. 아니, 째려본다는 표현이 더 맞으려나. 아무튼 자신의 딸아이가 견학차 이곳에 왔다가 정말 좋았다고 말했나봐요. 아이를 데리고 유럽 곳곳을 다녔는데도, 한번도 딸의 입에서 좋다는 소리를 못 들어봐서 '얼마나 좋기에' 잔뜩 기대를 하고 왔다가 엄청 실망한 거죠. 하지만 딸은 거창하고 화려한 것을 좋아한 게 아니라 그냥 흙장난 하고, 별 보고, 꽃밭에서 노는 걸 좋아한 거죠. 그걸 깨닫고 그동안 딸아이가 뭘 좋아하는지도 몰랐다며 고맙다는 말 하고 떠난 학부형도 있어요."

10년 동안, 웬만한 아이들은 코스모피아를 거쳐 갔다. 천체 돔의 하늘 문이 열릴 때나, 천체 투영실의 별들이 뱅글뱅글 움직일 때, 그리고 망원경을 통해 반짝거림을 발견할 때, '우와' 하며 터지는 아이들의 감탄 소리가 좋아서 몇 번씩 아이의 손을 잡고 다시 찾아오는 아빠들도 있었다. 초등학생 때 이곳을 찾았다가 이제는 아이들을 인솔하는 교사가 되어 찾아오기도 한다. 무엇보다 기쁜 것은 그의 어릴 적 모습을 아이들에게서 찾을 때이다.

"오늘 온 애들이야 과학반 아이들이니, 다들 관심이 있어서 잘 듣기도 하지만, 가끔 100명 200명씩 단체로 여기가 뭐하는 곳인지도 모르고 얼결에 오는 애들도 있어요. 그런데 꼭 100명 중에 한 명 반짝이는 애가 있어요. 아무것도 모르다가 강의를 듣거나 망원경을 통해 별을 보고 뿅 가버리는 거죠. 그럼 그 애들은 집에 갈 때까지 내 뒤를 졸졸 따라다니며 이것저것 물어요. 그러면 나는 속으로 생각하죠. 아, 또 한 녀석이 춥고 배고픈 세계로 뛰어들었구나, 하고요. 하하하."

술이 동나고, 자리에서 일어섰을 때는 새벽 세 시였다. 오리온자리의 별들이 동쪽 하늘에 나타났다. 그는 다시 차갑고 맑은 하늘에 망원경의 초점을 조절했다. 반짝이는 저 별빛이 지구가 생기기도 전인, 몇 십억 몇 백억 년 전의 빛이란다. 말로 표현할 수 없는 먼 거리에서 지구를 향해 빛을 뿜어대는 별, 또 말로 표현할 수 없을 숫자의 별이 채워져 있는 우주라는 공간, 또 우주에 깔려 있는 작디작은 별에 불과한 지구에서 또 다른 별을 보고 있는 우리. 신묘막측한 우주를 계산하느라 잔뜩 어지러워진 머리를 흔들어댔지만, 사람을 얻고, 별을 얻은 내 마음은 우주와 한층 더 가까워진 듯 했다.

다음 날 아침, 아이들과 함께 뒷산을 올랐다. 이번엔 산 아저씨를 통해 산과 나무에 대한 지식을 잔뜩 얻었다. 비교적 말을 잘 들었다는 개일초등학교 과학반 아이들을 보내고, 곧 들이닥칠 220명의 단체 손님을 앞둔 네 명의 별지기들은 마음을 고르고 있는 중이었다. 우리는 이튿날 점심까지 얻어먹고서야 폭풍 전 고요함 가운데 놓인 이 사람들과 작별을 고했다. 편집실에서 다시 들은 녹음테이프에는 뭐가 그렇게 신나는지 키들키들 온통 내 웃음소리 밖에 없었다. - 월간 〈사과나무〉 2006. 9월호

기사가 나가고 대장님도 그 글이 마음에 드셨는지, 가끔씩 나와 사진작가로 동행했던 조경희조, 그리고 애초에 대장님을 섭외했던 (그러나 캐나다로 어학연수를 가버린) 나의 동거녀를 코스모피아로 자주 초대해주었다. 우리는 친구들과 함께 자주 그곳에 갔고 그때부터 지금까지 좋은 친구로 매년 한두 번씩 만나는 사이가 되었다.

대장님이 앞선 나의 고민을 듣고, 흔쾌히 스무 명 남짓 되는 쪽방 아이들을 코스모피아로 초대해주셨다. 아이들은 무료로 이곳의 모든 프로그램과 별들과 잠자리와 식사를 받게 되었다. 물론 그날 밤 비가 그치질 않아 실제 별은 보지 못했지만, 가상의 공간에서 별자리와 별을 누워 보면서 환호성을 질렀던 그때 그 일을 지금도 잊지 못한다.

진짜 별은 보지 못했지만, 아이들 마음에 반짝반짝 별 하나는 심어진 것 같다. 아이들은 풀 한 포기, 개구리 한 마리로도 얼마든지 즐겁게 놀 수 있으니까. 어른들처럼 마치 기대에 어긋나는 무언가를 발견하는 것이 목적인 듯 시종일관 감독관 같은 표정 짓지 않으니까.

'대장'이라는 말을 참 좋아하는 아이들. 그러나 실제로 만화에서처럼 대장이라는 호칭을 쓸 기회가 없어서인지. 아이들은 연신 할아버지 대장님 손을 꼭 붙잡고 "대장님~" "대장님~" (불러놓고 할 말도 없으면서) 하면서 대장님만 졸졸 쫓아 다녔다. 나는 그것 하나만으로도 퍽 행복했다.

좋은 사람이 좋은 사람을 알아본다

교회 청년들에게 만 원씩 걷었던 회비가 굳어, 무엇을 할까 생각하다가 대장님께 선물을 해드려야겠단 생각이 들었다. 얼마 되지도 않는 돈으로 무엇을 할 수 있을까 고민하다가 정원이의 아이디어로 '사진'을 생각했다. 워낙 여행을 좋아하니까 특히 아프리카를 사랑하는 대장님께 드릴 아프리카 사진을 찾다가 발견한 곳은 신미식 사진 작가의 블로그. 마다가스카르의 사진이 환상적이었다.

"비… 비싸겠지?"

그래도 한번 질러나 보자는 마음에, 신미식 작가에게 메일을 보냈다. 이런저런 이유로 이분에게 작가님의 사진을 선물하고 싶은데, 돈은 얼마 없다고 보냈더니, 작가님께 바로 답장이 날아왔다. 일단 그가 운영하고 있는 효창동의 마다가스카르 카페로 오라고 하셨다.

떨리는 마음으로 그를 만났고, 그의 사진 가격대를 들었다. 내가 부른 가격으론 엽서 한 장 액자에 끼워 살 수 있겠다 싶더라. 그런데 이미 준비해놓았다면서 꺼내주신 사진은 내 키만 한 엄청난 크기의 마다가스카르의 바오밥 나무 사진이었다. 내가 오래 전, "아, 다음 여행은 아프리카야!" 다짐하게 만들었던 그 사진, 바로 그 사진이었다.
고가의 사진을 정말로 '액자 값'만 받고 내게 넘겨주셨다.
처음엔 너무 당황해서 거절하지도 고맙게 받지도 못하고 허둥댔지만..

낑낑대며 액자를 받아오던 그 행복한 순간. 그날 읽었던 시, 인색함은 검약이 아니고, 후함은 낭비가 아니라던 박경리 선생님의 시가 떠올랐다.

사람 됨됨이에 따라 사는 세상도 달라지고, 그런 후한 사람들 덕에 우리가 지금 이 순간 천국을 살고 있는 것이 아닌가 싶었다.

좋은 사람이 서로에게 후함을 베풀었고. 나는 그 중간다리 역할을 했을 뿐이라고. 나는 그렇게 생각하기로 했다.

그리고 천국 한 조각

그대 나의 봄날 STORY 4.

당신의 마음에 천국을 지을 수 있다면

제3세계에 1천 개의 도서관을 짓는 사람이 있다. 나보다 한 살 더 많은 그는 도서관을 지어주고 싶어서 무작정 행운의 편지를 보냈다고 한다. 이러저러하니, 날 믿고 영어로 된 책을 기증해줄 수 없냐고. 한 달 뒤, 600여 권의 책과 많은 돈이 그에게 전달되었다. 그는 현재 두 번째 도서관을 지어주었고, 지금은 1천 개를 목표로 열심히 달리고 있다.

재옥이는 나의 고등학교 후배이자 학교에서 같은 전공을 공부한 친구다. 그녀는 카자흐스탄 고아원에 잠깐 들른 적이 있었는데, 장난감 하나 없이 광활하고 적막한 공간에서 수십 명의 아이들이 동화책 한 권을 돌려보고 있던 장면에 충격을 받았다. 이후 그녀는 제3세계에 책을 보내고자 하는 마음을 갖게 되었다. 우연찮게 이런 자신의 막연한 꿈을 어느 선교사님께 들려주었는데, 이야기를 듣던 선교사님이 그 자리에 서 무작정 손가락에 끼고 있던 다섯 돈짜리 금반지를 빼주었다 한다. 종로5가에 가서 그 반지를 판 돈으로 100만 원도 채 되지 않는 돈이었다 이 프로젝트를 시작하고자 했다.

나 역시, 당시 이 아프리카 여행기로 한 출판사와 계약을 맺었고, 그 계약금으로 재옥이의 꿈에 마음을 보탰다. 이후 나는 계약을 파기당했지만 다행히 계약금을 물진 않았다. 우리는 이 사업의 이름을 〈천국 한 조각〉이라고 지었다. 두 명의 어리바리한 노처녀가 200만 원으로 시작한 우리의 사업이 '천국'이라는 큰 그림의 퍼즐 한 조각이라는 의미였다. 너무너무 조그맣지만, 천국을 완성하는 데 반드시 필요한 한 조각 말이다. 그리고 우리를 아껴주고 늘 지지해주시는 오승수 목사님께 사업의 첫 예배를 부탁했다.

또 다른 이야기다. "하나님 나라는 농부가 심은 솔씨 하나와 같다. 솔씨는 씨로서는 아주 작지만, 세월이 가면 독수리들이 그 안에 둥지를 틀 만큼 큰 나무로 자란다."

오승수 목사님은 우리에게 이 마태복음 말씀을 들려주셨다. 〈천국 한 조각〉이라는 우리 프로젝트의 이름을 듣는 순간 저 마태복음 말씀이 생각났다고 하셨다. 제3세계 어린이들에게 도서관을 만들어주는 프로젝트, 천국 한 조각. 재옥이의 금붙이 판 돈과 니콜키드박의 아직 입금도 되기 전 계약금으로 시작하는 보잘것없는 일이긴 하지만 곳곳에 도서관이 세워지고, 도서관을 운영하는 사서가 생기고, 그곳에 꽂혀 있는 책들 때문에 닮고 싶은 위인이 생기고, 하고 싶은 일이 생기고… 그러면서 자신의 능력을 계발하고 책을 만들고, 글을 쓰고, 그림을 그리는 일들이 그 땅에서 일어나기를.
겨자씨 하나가, 그런 큰 나무를 이루어가기를.

지적 굶주림을 채울 수 있다면

예전에 한 국회의원이 한 달간 쪽방 체험을 하고는 정부에서 주는 기초수급비로 황제 같은 삶을 살았다고 했다. 2천 원짜리 밥을 먹고, 집에 있다가 되레 돈 남겨서, 그 돈을 더 가난한 사람에게 주었다는 것이다. 그때 나는 '이런 어처구니없는 사람이 국회의원이라니'라는 생각을 했던 것 같다. 그냥 차라리, 밥만 먹고 잠만 자는 소 돼지가 되라는 말처럼 들렸다.

그런 의미에서 빵을 주는 자도 귀하지만 얼 쇼리스나 두다멜 같은 자들의 사역도 얼마나 귀한 일인지 깨닫게 된다. 영적인 굶주림, 지적인 굶주림, 문화적인 굶주림도 채워주는 그런 사람이 많이 나타나기를 막연하게 생각하고 있을 때, 매년 끊어질 듯 이어지며 만나는 나의 저자 김경집 교수님과 미아 씨를 만나게 되었다.

촌두부에 막걸리 한 사발하면서 두런두런 꿈 이야기를 나누었다. 선생님은 75세까지 산다고 생각하고 인생은 세 등분 하셨단다. 25년은 배우고, 25년은 배운 것 가르치고, 25년은 하고 싶은 것 하며 살겠다는. 그래서 곧 대학교 강의를 접고, 서산으로 내려가 작은 오케스트라도 만들고, 노인 밴드도 만들어서 그렇게 소박한 사람들과 어울려 살 준비를 하고 계신다고.

당시 나는 얼 쇼리스의 『희망의 인문학』이 생각났다. 선생님 평생 인간학 수업을 하셨으니, 시골 어른들 모시고 따뜻한 인문학을 가르치신다 생각하니, 마음이 따뜻해져 왔다.

"저는 케냐에 출판사를 차리고 싶어요."

남들이 들으면 쯧쯧 혀찰 소리를 선생님은 진지하게 듣고 어떤 식으로 접근해야 하는지 구체적으로 이야기해주셨다.

"누군가 불쌍해서 도와주러 간다기보다, 새로운 곳을 개척한다는 마음이 더 필요한 것 같아요. 예를 들면 이런 거야. 케냐 땅에 문맹률을 낮추고자 하는 마음이라면 거기에 대해 구체적으로 기획안을 써서 유네스코에 손 한번 내미는 거야. 또는 맥스웰 같은 데 가서 '이러저러해서 이 학교 아이들에게 이 책을 공급해주고 싶으니, 사 달라. 대신 뒷표지에 맥스웰에서 기증하는 거라고 크게 박겠다' 이런 제안을 해보는 거지. 새로운 문화를 개척해나간다는 정신. 그게 필요한 것 같아요. 지금 서구문화는 바닥났고, 요즘은 남미 동화 같은 '다시 원형'으로 돌아가고 있는데, 남미 다음은 아프리카로 가겠지. 진희 씨가 개척하면 되겠네. 아프리카 동화책. 아주 재밌을 것 같아요."

심장 두근대는 일, 그 일 찾으면서 천천히, 그러나 올곧게 한번 가고 싶다.

에필로그

아프리카에 다녀온 지 4년이 지났습니다. 이 이야기가 책으로 나오기를 바랐지만, 정말로 그리 될 줄은 몰랐습니다. 막상 그렇게 책으로 만들어진다니, 오히려 덜컥 겁이 났다는 게 솔직한 마음입니다.

이 이야기가 고마운 나무에게 피해를 입히지 않기를 기도하는 마음으로 몇 달을 보냈습니다. 누군가의 마음에 아주 잠깐이라도 빛을 발해, 지금도 먼지 모래더미에서 즐거이 뛰어놀고 있을 까맣고 동그란 아이들을 기억하게 하는 책이 된다면 좋겠습니다.

오래된 원고를 기억해주고 먼지를 떨어내고 세상 빛을 보게끔 기회를 주신 김기석 목사님, 부족한 저를 응원해주고 출판사 '첫 책'의 특권을 제게 주신 워커북스 장원열 대표님과 변혜정 편집장님 그리고 전공주 디자이너에게 고마움을 전합니다. 원고를 정리하는 동안, 나조차도 잊고 있었던 아프리카를 다시 그리워하게 되었습니다. 함께 이야기를 만들어갔던 조규보 선교사님, 안티, 내 아들 누엔을 비롯한 조이홈스 아이들, 명신 언니, 정아 언니, 조희에게도 고마움을 전합니다.

아프리카에 다녀온 지 꼭 4년 만에 다시 떠날 용기도 생겼습니다. 40일 산티아고 순례길을 걷게 만든 건 순전히 이 책 덕분입니다. 순례길 시작점인 피레네 산맥 등반을 준비하기 위해 시간이 날 때마다 북한산을 올랐습니다. 첫 등산을 하고 난 다음날부터 사흘을 꼬박 앓았습니다. 지하철 계단을 내려가는 것도 쉽지 않을 만큼요. 온몸의 근육이 내게 "왜 안하던 짓을 하고 그러냐"며 아주 난리를 피워댔지요. 그런데 신기하게도 두 번째 등산부터는 더 고된 길이어도 다음날 후유증이 전혀 없었습니다. 처음만큼 아프지 않았습니다.

이 책도 그렇게 아픕니다. 너무 서툰 나머지, 너무 욕심낸 나머지, 너무 부끄러운 나머지 아픕니다. 그러나 이 책이 없다면 저는 다음 걸음을 내딛을 수 없습니다.

그렇게 첫 걸음을 뗀 내가 자랑스럽고, 또 첫 걸음을 가장 많이 응원해준 동료이자, 룸메이트이자, 귀한 내 친구 곽효에게도 진심어린 고마움을 전합니다.

시집도 안 간(못 간?) 큰딸이 매번 출국하기 전날 출국 통보를 알려서 더 쪼그라들 간이 없는 나의 부모님, 언니를 늘 지지해주는 동생 진영이, 처형을 끔찍하게 아껴주는 준영이 그리고 백만 번 입맞춰도 모자라고 또 모자라는 나의 첫 조카 총총이에게도 사랑을 전합니다.

철없고 막연한 꿈 이루겠다고 뛰쳐나가는 나를 달래주고 3개월 여정 허락해주신 큰나무, 나의 보스에게도 존경을 표합니다.

무엇보다 앞으로 내 인생에 별처럼 많고도 아름다운 이야기를 만들어가실 그분께, 그분께 내 마음 한조각 내어드리고 싶네요.

산티아고와 가까워지고 있는 하늘 위에서
박진희

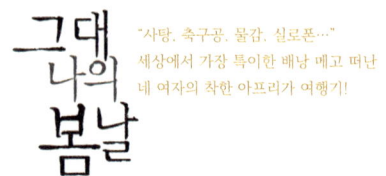

"사탕, 축구공, 물감, 실로폰…"
세상에서 가장 특이한 배낭 메고 떠난
내 여자의 착한 아프리카 여행기!

글, 사진 | 박진희
펴 낸 이 | 장원열
책임편집 | 변혜정

1판 1쇄 찍음 | 2014년 3월 3일
1판 1쇄 펴냄 | 2014년 3월 10일

등록번호 | 제107-91-59120호
발 행 처 | 워커북스
주   소 | 서울시 영등포구 선유서로 115, 101동 108호
전   화 | 02-2676-8960
홈페이지(블로그) | blog.naver.com/workerbooks

ⓒ 박진희, 2014. ISBN 979-11-951612-0-1 03810
책값은 뒤표지에 있습니다.

잘못된 책은 구입하신 곳에서 교환해 드립니다.
이 책은 저작권법에 따라 보호받는 저작물이므로 본사의 허락 없이는
어떠한 형태나 수단으로도 이 책의 내용을 이용하지 못합니다.

이 책의 수익금의 일부는 케냐 땅에 세워진 조이홈스를 위해 사용됩니다.